VINGT MILLE LIEUES SOUS LES MERS

JULES VERNE

Adaptation
ALBERT-JEAN AVIER

Édition enrichie d'un dossier pédagogique
BERNADETTE BAZELLE-SHAHMAEI

HACHETTE
Français langue étrangère

www.hachettefle.fr

Pour découvrir nos nouveautés,
consulter notre catalogue en ligne,
contacter nos diffuseurs, ou nous écrire,
rendez-vous sur Internet :

www.hachettefle.fr

Crédits photographiques : couverture, **Disney / D.R.**
Photothèque Hachette / Nadar : p. 4 / dessins de l'édition Hetzel :
pp. 16 à 103 / Disney prod. : pp. 105 à 109.

Couverture et conception graphique : Guylaine Moi
Composition et maquette : Mosaïque, Médiamax
Iconographie : Brigitte Hammond

ISBN 2 01 155285-0

© Hachette Livre 2005, 43, quai de Grenelle, 75905 Paris cedex 15

Sommaire

NB : Les mots accompagnés d'un * dans le texte sont expliqués dans « Mots et expressions », en page 94.

L'œuvre et son auteur

Trois hommes sont recueillis à bord d'un sous-marin, le *Nautilus*, commandé par un étrange personnage, le capitaine Nemo. Ils sont embarqués dans un voyage autour du monde et découvrent les trésors de la vie sous-marine parmi lesquels l'Atlantide.

Jules Verne est né à Nantes en 1828. En 1848, il part à Paris faire ses études de droit mais il ne rêve que de théâtre. Il se passionne également pour les découvertes scientifiques et la géographie, et apprend tout des pays lointains en fréquentant de nombreux voyageurs. Dans le même temps, il écrit des histoires courtes, un roman, une pièce de théâtre chantée. Il se marie en 1857.

En 1862, il apporte à l'éditeur Hetzel *Cinq Semaines en ballon*, une histoire qu'il a inventée. Hetzel est tellement séduit par cette histoire qu'il demande à Jules Verne de lui écrire deux histoires par an pendant vingt ans. Ses romans, publiés dans la série *Les Voyages extraordinaires*, ont un immense succès en France et en Europe. Il a imaginé, à une époque où tout cela n'existait pas encore, les machines, les grands travaux, les inventions les plus modernes et des aventures incroyables comme aller sur la Lune. C'est pourquoi il est souvent appelé le « père de la science-fiction ».

Il meurt à Amiens en 1905 en laissant derrière lui une œuvre monumentale. Aujourd'hui encore, ses romans sont lus dans le monde entier.

Repères

L'été de l'année 1865, Jules Verne reçoit une lettre d'une femme, George Sand, célèbre auteur français et amie de son éditeur Hetzel. Elle lui écrit qu'elle vient de lire avec passion deux de ses romans, *Cinq Semaines en ballon* et *Voyage au centre de la terre*, et lui dit qu'elle aimerait qu'il en écrive d'autres, surtout un qui se passerait dans un sous-marin[1].

Jules Verne est très content et très fier qu'un écrivain aussi connu que George Sand aime ses livres. De plus, il trouve l'idée qu'elle lui a donnée excellente. Il se met tout de suite à écrire *Vingt Mille Lieues sous les mers*. Puis il s'arrête pendant deux ans : il sent que cela pourrait être son meilleur roman, le sujet est passionnant mais il a très peur de mal l'écrire, de le rater. En 1868, il reprend enfin le travail.

En juillet de la même année, il achète son premier bateau, le *Saint-Michel I* et l'utilise comme bureau. Tout en naviguant, c'est là qu'il écrira presque tout son roman. Quelle belle aventure ! Écrire sur un bateau une histoire qui se passe au fond de la mer ! Jules Verne utilise dans son histoire tout ce qu'il a lu sur le monde marin, mais aussi et surtout tout ce qu'il voit et entend autour de lui.

Vingt Mille Lieues sous les mers est une aventure extraordinaire mais c'est aussi un livre où l'on apprend une foule de choses sur la géographie et le monde marin : les océans, les poissons, les bateaux, etc.

Ce roman eut, dès sa parution, un tel succès que quelques années plus tard Jules Verne lui donna une suite qu'il appela *L'Île mystérieuse*.

---

1. Un sous-marin : un bateau qui navigue sous l'eau.

Principaux personnages

Pierre Aronnax : c'est le narrateur du roman. Français, il est professeur au Muséum d'Histoire naturelle de Paris.

Conseil : domestique de Pierre Aronnax, c'est un homme sage qui garde son sang-froid en toutes circonstances.

Ned Land : chasseur de baleines canadien, réputé pour son talent. Il s'emporte facilement.

Le capitaine Nemo : homme mystérieux, énigmatique, c'est le capitaine du sous-marin *Nautilus*.

Première partie

Pendant l'année 1866, quelque chose que personne ne peut expliquer est arrivé. Les marins[1] ne comprennent rien du tout à cela. Depuis quelques mois, plusieurs bateaux ont rencontré, sur la mer, une chose très grosse, longue et ronde, pointue aux deux bouts et plus rapide qu'une baleine*. Un commandant[2] de bateau qui passe près de l'Australie croit que c'est une île qu'on ne connaît pas ; un autre pense que c'est un très gros animal de plus de cent mètres de long : un monstre[3] marin. Les gens de tous les pays du monde sont très étonnés. Dans tous les journaux, on peut lire des histoires sur les anciens monstres marins : Moby Dick – la baleine blanche – ou le grand serpent de mer.

Les savants discutent beaucoup : est-ce que c'est un monstre ? Quelques-uns en sont sûrs, d'autres disent que non. Un jour, un bateau, le *Moravian,* se jette contre quelque chose de très dur qui lui casse

---

1. Un marin : un homme qui vit et travaille sur un bateau.
2. Un commandant : ici, l'officier qui commande sur un bateau.
3. Un monstre : un animal (ou un homme) très différent des autres par sa taille, sa forme, ou parce qu'il est très laid. Il est effrayant.

une partie de sa coque[1]. Mais surtout, ce qui montre bien que ce monstre est dangereux, c'est l'accident qui arrive au *Scotia,* un très grand et très solide bateau anglais.

Le 13 avril 1867, la mer était belle, le vent pas trop fort. Le *Scotia* marchait avec une vitesse de quatorze milles* à l'heure à peu près. À quatre heures dix-sept minutes du soir, les voyageurs prenaient un léger repas dans la salle à manger. Soudain, quelque chose fait un gros trou dans la coque du bateau et la mer entre à l'intérieur de celui-ci. Les voyageurs ont très peur. Le commandant Anderson leur dit :

« Il n'y a pas de danger. Le bateau est partagé en plusieurs parties où l'eau ne peut pas entrer. »

Ils étaient alors à trois cents milles du port. Le bateau continue sa route à faible vitesse et arrive à Liverpool avec trois jours de retard.

Des ouvriers regardent la coque avec beaucoup d'attention, et qu'est-ce qu'ils voient ? Un trou bien coupé dans la coque en fer épaisse de quatre centimètres ! Il faut une force très importante pour casser ainsi le métal.

Maintenant, tout le monde croit que le monstre a voulu démolir[2] le *Scotia.* Quand un bateau ne rentre pas au port au jour où on l'attend, on dit : « C'est à cause du monstre que le bateau a fait naufrage[3]. »

Les voyageurs ont peur d'aller sur mer parce que les voyages deviennent dangereux. Le public demande qu'on tue le monstre à tout prix.

---

1. La coque : la partie du bateau qui est dans l'eau.
2. Démolir : détruire, casser complètement.
3. Faire naufrage : pour un bateau, aller au fond de l'eau, couler.

Pendant que tout cela se produisait, je revenais d'un voyage d'étude dans les mauvaises terres du Nébraska aux États-Unis. Je m'appelle Pierre Aronnax. Je suis professeur au Muséum d'Histoire Naturelle de Paris[1]. Après six mois passés dans le Nébraska, je suis arrivé à New York vers la fin de mars. Je dois repartir pour la France dans les premiers jours de mai. Je m'occupe à mettre en ordre tout ce que j'ai rapporté de mon voyage : pierres, plantes, animaux.

Quand je suis arrivé à New York, tout le monde discutait. Quelle est cette « chose » que les bateaux rencontrent sur leur route ? Une île ? Une épave[2] ? Impossible, elle est trop rapide. Un sous-marin ? On peut le penser ; mais un seul homme n'a pas pu faire construire un pareil bateau, on le saurait. Tous les pays industriels du monde disent très haut qu'ils n'ont pas de sous-marin. Alors, quoi ? La seule réponse est : le monstre.

*
* *

J'ai écrit, en France, un livre sur « La vie curieuse des grands fonds* sous-marins ». Pour cela, le journal américain *New York Herald* me demande mon avis sur ce qui se passe. J'écris un article dans le journal du 30 avril. Dans cet article, je dis :

« Il est très difficile et même presque impossible de connaître ce qu'il y a au fond des mers, on ne peut pas descendre jusque-là. Peut-être de très gros animaux vivent encore dans ces fonds.

« Un animal marin, la "licorne de mer", mesure près de vingt mètres. Elle a une sorte de dent très pointue, plus dure que l'acier[3]. Cette dent est longue de plus de deux mètres et large

---

1. Le Muséum d'Histoire Naturelle : institution où travaillent des savants qui étudient les plantes, les pierres, les animaux et les hommes.
2. Une épave : ce qui reste d'un bateau qui a fait naufrage.
3. L'acier : métal (fait à partir de fer) plus dur que le fer.

de cinquante centimètres. Un monstre cinq fois plus long et plus gros aurait la taille, la force et la vitesse nécessaires pour démolir un grand bateau ou faire un trou dans sa coque de fer. Je pense donc qu'on peut expliquer ainsi tout ce qui s'est passé sur mer pendant ces derniers mois. »

Parce que ce monstre est dangereux, plusieurs pays décident de lui faire la chasse et de le tuer. Les États-Unis envoient sur mer une « frégate », c'est-à-dire un bateau avec une coque d'acier. Elle s'appelle l'*Abraham Lincoln*. Elle est armée[1] pour la pêche à la baleine. Le jour du départ de la frégate, je reçois la lettre suivante :

Monsieur Aronnax,
Professeur au Museum.
5e Avenue Hotel – New York.

Monsieur,
Si vous voulez partir avec l'Abraham Lincoln, le gouvernement des États-Unis serait heureux de voir la France se joindre[2] à ce voyage. Le commandant Farragut garde une cabine[3] pour vous.

J. B. Hobson
Secrétaire de la marine.

Une minute avant de recevoir la lettre de J. B. Hobson, je ne pensais pas à chasser la licorne ; une minute après, je veux à tout prix tuer ce monstre.

Je reviens d'un dur voyage, je suis fatigué. Je veux revoir mon pays, mes amis. Mais j'oublie tout, je suis prêt à repartir.

Je crie : « Conseil ! »

---

1. Armée : équipée (terme de marine).
2. Se joindre (à quelqu'un) : aller avec quelqu'un, faire quelque chose avec lui.
3. Une cabine : une chambre dans un bateau.

Conseil est mon domestique[1]. Depuis dix ans, il me suit dans tous mes voyages. Il est solide et en bonne santé, adroit de ses mains[2] et ne s'étonne de rien.

Conseil paraît.

« Monsieur m'appelle ? dit-il en entrant.

– Oui, mon garçon. Prépare nos valises. Nous partons dans deux heures.

– Comme il plaira à Monsieur, répond tranquillement Conseil.

– Mets dans ma valise des vêtements, des chaussettes, des chemises, et dépêche-toi.

– Nous ne retournons donc pas à Paris ? demande Conseil.

– Si, mais nous prenons un chemin un peu plus long. Nous voyagerons sur l'*Abraham Lincoln*.

– Comme Monsieur voudra, répond Conseil.

– Tu sais, mon ami, nous allons tuer le monstre. C'est un voyage dangereux. On n'en revient pas toujours.

– Comme il plaira à Monsieur. »

Un quart d'heure après, nos valises sont prêtes. Nous descendons. Je paye l'hôtel et nous sautons dans une voiture. Elle nous conduit au quai où l'*Abraham Lincoln* se prépare au départ. Je monte à bord[3] et je demande le commandant Farragut. Un marin me conduit près de lui. Il me tend la main.

« Monsieur le Professeur, me dit-il, je suis heureux de vous voir à mon bord. Votre cabine vous attend. »

L'*Abraham Lincoln* est une frégate de grande marche. Elle peut aller à une vitesse de plus de dix-huit milles à l'heure.

Conseil installe les valises. Je monte sur le pont pour regarder notre départ.

---

1. Un domestique : personne payée pour servir une autre personne.
2. Adroit de ses mains : qui sait faire beaucoup de choses avec ses mains.
3. Monter (ou être) à bord : monter (ou être) sur un bateau.

« En avant », crie le commandant.

À ces mots, les mécaniciens[1] mettent la machine en marche, l'hélice[2] bat la mer et la frégate s'avance au milieu d'une centaine de petits bateaux.

Les quais de Brooklyn et les bords de la rivière de l'Est sont couverts de curieux. Des milliers de mouchoirs saluent l'*Abraham Lincoln*.

Trois heures sonnent alors. Le pilote descend et revient à New York. À huit heures du soir, la frégate court à toute vapeur sur les eaux de l'Océan Atlantique.

*
* *

Le commandant Farragut, ses officiers et l'équipage[3] sont sûrs que la licorne vit dans la mer et ils veulent la tuer. Pendant toute la journée, les marins ne quittent pas la mer de vue. Le commandant a promis deux mille dollars à celui qui apercevra le monstre le premier.

Moi-même, je regarde la mer avec beaucoup d'attention. Seul, Conseil ne s'intéresse pas à la chasse à la licorne.

J'ai dit qu'il y a sur le navire tous les appareils nécessaires pour pêcher le monstre : du harpon[4] au canon[5]. Mais surtout, il y a Ned Land, le meilleur des harponneurs.

Ned Land est un Canadien de quarante ans, très adroit. Grand et fort, il parle peu et se met quelquefois en colère. Son regard lui permet de voir très loin. Il vaut à lui seul tout l'équipage pour l'œil et le bras.

---

1. Un mécanicien : sur un bateau, celui qui s'occupe des machines.
2. Une hélice : pièces de métal fixées à la coque du bateau. Elles tournent et le font avancer ou reculer.
3. Un équipage : ensemble des marins qui sont sur le bateau.
4. Un harpon : arme pointue et en métal pour attraper et tuer les gros poissons et les baleines.
5. Un canon : une arme à feu qui lance de grosses boules de fer.

Beaucoup de Canadiens parlent français. Avec moi, Ned Land peut parler sa langue.

Seul à bord, Ned ne croit pas à la licorne.

Le soir du 30 juillet, la frégate se trouve près du cap* Blanc. Assis sur le pont, Ned Land et moi, nous parlons. Je lui dis :

« Comment, Ned, vous ne croyez pas au monstre marin que nous chassons ? Pourquoi ? »

Il me regarde, se frappe le front et dit enfin :

« J'ai chassé et tué beaucoup de baleines. Je n'en ai jamais trouvé d'assez fortes pour faire un trou dans une coque d'acier. Peut-être un poulpe*.

– Encore moins, Ned, le poulpe n'a pas d'os.

– Vous croyez qu'une très grande licorne vit dans la mer ?

– Oui, Ned, je vous le répète, je crois à un animal marin avec une dent très pointue. Si un animal comme celui-ci vit au fond des mers, il doit être très résistant, c'est-à-dire très solide.

– Et pourquoi ? demande Ned Land.

– Parce qu'il lui faut une force très grande pour ne pas être écrasé par la pression de l'eau. La pression est le poids de toute l'eau qui se trouve au-dessus de lui. À un kilomètre sous la mer, chaque centimètre carré du corps reçoit une pression de cent kilos. À dix kilomètres, une pression de mille kilos. Ainsi, vous, Ned Land, à dix kilomètres de profondeur, votre corps serait écrasé comme une feuille de papier. Vous comprenez alors pourquoi les animaux des fonds marins doivent être forts et résistants.

– Sans doute », répond Ned Land qui ne peut pas croire à ces chiffres.

Le voyage de l'*Abraham Lincoln* continue. Rien ne se produit.

Le 30 juin, la frégate rencontre des baleiniers[1] américains. Le capitaine du *Monroe* demande l'aide de Ned Land pour chasser une baleine. Le commandant Farragut lui permet d'aller à bord du *Monroe*. Et le hasard[2] sert si bien notre Canadien, qu'il en harponne[3] deux, d'un coup double.

Le 3 juillet, nous sommes au détroit de Magellan, mais le commandant décide de passer par le cap Horn. Le 6 juillet, l'*Abraham Lincoln* passe à quinze milles au sud de cette île perdue. Le lendemain, nous sommes enfin dans les eaux du Pacifique.

« Ouvre l'œil, ouvre l'œil ! » répètent les matelots[4].

Jour et nuit, on regarde la surface de la mer. Sous la pluie ou sous le soleil, à l'avant ou à l'arrière, moi aussi je regarde jusqu'à l'horizon*.

Nous sommes en juillet. Au sud de l'équateur*, c'est la mauvaise saison, mais le temps reste beau.

Ned Land doit passer sur le pont un certain temps à regarder, comme tous les matelots. Quand il n'est pas sur le pont, il lit ou il dort dans sa cabine.

« Il n'y a rien, monsieur Aronnax, me dit-il ; et s'il y a un animal, quelle chance avons-nous de l'apercevoir ? On l'a vu pour la dernière fois il y a deux mois. Il doit être loin maintenant. »

Le 27 juillet, nous coupons l'équateur, la frégate prend une direction plus à l'ouest et nous faisons route vers les mers de Chine.

C'est là qu'on a aperçu le monstre pour la dernière fois.

L'équipage ne mange plus, ne dort plus. Vingt fois par jour, quelqu'un croit voir la licorne.

---

1. Un baleinier : bateau (ou homme) qui pêche la baleine.
2. Le hasard : ce qui arrive sans qu'on l'attende.
3. Harponner : attraper avec un harpon.
4. Un matelot : un marin.

Pendant trois mois, la frégate navigue[1] sur les mers du Pacifique. Rien qui ressemble à un grand animal, à une épave de naufrage, à une île sous-marine. Rien.

Alors, l'équipage perd courage. On ne croit plus à la licorne. L'*Abraham Lincoln* a tout fait pour réussir. Les officiers et l'équipage demandent au commandant de retourner. Celui-ci demande encore trois jours. Si, d'ici trois jours, le monstre ne se montre pas, on repartira.

Deux jours se passent. Le 4 novembre, toujours rien. La nuit approche, il est huit heures. De gros nuages cachent la lune. Je suis à l'avant, Conseil, près de moi, regarde devant lui.

Il me dit : « Monsieur, sans tout ce temps perdu, nous serions à Paris depuis longtemps.

– Tu as raison, Conseil, et on se moquera de nous.

– Certainement, on se moquera de monsieur et... »

Conseil ne peut finir. Au milieu du silence, Ned Land crie : « Ohé ! la chose que nous attendons, sous le vent, pas loin de nous. »

*
* *

À ce cri, l'équipage tout entier court vers le harponneur. Les ingénieurs et les chauffeurs courent aussi. L'ordre d'arrêter est donné.

La nuit est profonde. Mais Ned Land ne s'est pas trompé. Nous apercevons la chose qu'il montre de la main. À deux cents mètres et à tribord[2], la mer semble éclairée par-dessous.

« Cette lumière est électrique, dis-je. Voyez, le monstre se jette sur nous. »

---

1. Naviguer : pour un bateau, aller sur l'eau ; pour un homme, voyager sur un bateau.
2. Tribord : à droite, quand on regarde vers l'avant du bateau.

Un cri monte de la frégate. Le commandant donne des ordres. Le navire change de direction et part loin de la lumière. Je me trompe, il veut partir, mais l'animal le suit avec une vitesse double. Nous restons muets et sans mouvements.

L'animal va plus vite que nous en jouant. Il s'en va, revient sur nous, passe sous la coque du bateau. À chaque instant, un choc[1] peut se produire.

La frégate se sauve. Quand je m'en étonne, le commandant Farragut me dit :

« Monsieur Arronax, je sais maintenant quel est cet animal, c'est une licorne électrique. Je ne veux pas la chasser dans la nuit. Attendons le jour. »

Personne ne peut dormir. Vers minuit, l'animal s'éteint. Mais, vers une heure du matin, le bruit que les baleines font en chassant l'eau se fait entendre.

On se prépare à la chasse. Ned Land a pris son harpon. À six heures, le jour se lève, mais un brouillard épais couvre la mer. À huit heures, plus de brouillard et Ned Land crie :

« La chose en question, par bâbord[2] arrière ! »

Tout le monde regarde. À un mille et demi du bateau, on voit un long corps noir, sa queue bat l'eau.

La frégate vient près de lui. Le commandant dit :

« Forcez les feux, et à toute vapeur[3] ! »

La chasse commence. L'*Abraham Lincoln* va droit sur l'animal, mais celui-ci se met en marche et nous restons toujours aussi loin derrière lui.

Cette poursuite continue longtemps. Le commandant demande à l'ingénieur de faire monter la pression de la vapeur dans les machines. Le bateau va si vite qu'il peut se casser en mille morceaux.

---

1. Un choc : quand deux objets se rencontrent violemment, il y a un choc.
2. Bâbord : à gauche, quand on regarde vers l'avant d'un bateau.
3. À toute vapeur : à toute vitesse (pour un bateau).

Plusieurs fois, l'animal nous laisse arriver près de lui. Au moment où le harponneur va le frapper, il repart très vite.

« Ah ! dit le commandant, nous allons voir si cet animal ira plus vite que les boulets du canon ! »

Le premier boulet passe au-dessus du monstre, le deuxième le touche, mais va se perdre dans la mer.

On continue la chasse. À la nuit, la licorne s'arrête ; peut-être est-elle fatiguée ? Sans bruit, la frégate vient tout près et Ned Land jette son harpon. Alors, beaucoup d'eau tombe sur le pont et je suis jeté à la mer.

*
* *

Je suis bon nageur. Deux coups de pied m'amènent à la surface. Je cherche la frégate des yeux.

A-t-on vu que je suis tombé à la mer ? La nuit est profonde. Je me sens perdu. Je crie : « À moi ! À moi ! » Mes vêtements me gênent. Je ne peux plus respirer. Ma bouche se remplit d'eau. Je me noie[1].

Alors, je me sens ramené à la surface et j'entends ces mots : « Si Monsieur veut bien mettre sa main sur mon épaule, Monsieur nagera beaucoup mieux. »

C'est mon fidèle[2] Conseil.

« Toi ! dis-je, toi !

– Moi-même. Je suis au service de Monsieur. J'ai suivi Monsieur. »

Il trouve cela tout naturel.

« Et la frégate ?

– Quand j'ai sauté à la mer, j'ai entendu les marins crier : "L'hélice et le gouvernail[3] sont cassés... Le navire ne peut plus se diriger !" »

---

1. Se noyer : couler au fond de l'eau et mourir.
2. Fidèle : ici, qui aime son maître et reste toujours à ses côtés.
3. Un gouvernail : pièce de bois ou de métal qui permet de diriger le bateau.

Mes vêtements mouillés me gênent. Conseil les coupe avec son couteau et je lui rends le même service. Nous décidons de nager chacun à notre tour. L'un reste sur le dos pendant que l'autre le pousse. Jusqu'au lever du jour, cela fait huit heures à nager. C'est possible.

« À nous ! À nous ! » crie Conseil.

Un cri répond à celui de Conseil. Il me tire derrière lui, mais je n'ai plus aucune force. Je vais me noyer. Alors, je touche un corps dur, on me tire à la surface, je respire, j'ouvre les yeux et j'aperçois une figure que je reconnais.

« Ned !

– En personne, monsieur.

– Vous avez été jeté à la mer, au choc de la frégate ?

– Oui, monsieur le Professeur, mais j'ai eu de la chance, j'ai pu mettre le pied sur la licorne et j'ai vu qu'elle était en acier. »

C'est vrai. Le corps noir où nous nous tenons est en métal. Ce monstre n'est pas un animal, mais un bateau sous-marin construit par des hommes. Et nous étions étendus sur le dos de ce bateau.

« Mais alors, dis-je, à l'intérieur de cet appareil, il y a des machines et un équipage ?

– Bien sûr, répond le harponneur, mais depuis trois heures, cet équipage n'a pas bougé. »

En ce moment, l'hélice se met en mouvement et le navire avance.

« S'il plonge[1], dit Ned Land, je ne donne pas deux dollars de ma peau. »

Il faut donc prévenir l'équipage du sous-marin que nous sommes là. Mais comment ?

---

1. Plonger : s'enfoncer dans l'eau.

... nous étions sur le dos d'un bateau sous-marin...

Enfin, cette longue nuit finit. Le jour se lève. Du bruit se fait entendre. Un morceau de la coque se soulève. Un homme paraît, jette un cri et rentre à l'intérieur.

Quelques moments après, huit hommes solides arrivent sans bruit et nous conduisent dans leur terrible appareil.

Les hommes nous ont enlevés très rapidement. J'ai peur. À qui avons-nous affaire ? Le couvercle d'acier se ferme sur nous. Je ne vois rien. Je descends une échelle de fer. Ned et Conseil me suivent. Une porte s'ouvre et se referme sur nous avec bruit.

Nous sommes seuls. Où ? Je ne peux pas le dire. Tout est noir.

Ned Land est très en colère.

« Qui sont ces gens, crie-t-il. Ils reçoivent très mal

les étrangers. Heureusement j'ai mon couteau. Le premier qui met la main sur moi…

– Ne vous mettez pas en colère, dis-je. Essayons de savoir où nous sommes ! »

Je marche sans voir. Un mur de fer, une table, des chaises. Ni porte ni fenêtre. D'un seul coup notre prison[1] s'éclaire. C'est la lumière électrique, elle vient du plafond.

Aucun bruit. Tout semble mort. Le bateau marche-t-il ?

La porte s'ouvre. Deux hommes paraissent.

L'un est petit, mais large d'épaules, avec des cheveux noirs. L'autre est grand, le front large. Il a l'air calme et sûr de lui, courageux aussi.

Ces hommes ont des vêtements en tissu que je ne connais pas et des chaussures en peau.

Le chef nous regarde, puis parle à son camarade dans une langue que je ne comprends pas.

Je raconte notre histoire en français. Qui nous sommes, ce qui nous est arrivé.

Les hommes écoutent tranquillement. Quand j'ai fini, ils se taisent. Ned redit la même chose que moi en anglais. Mais en plus, il se plaint[2] très fort, remue, crie et fait comprendre que nous avons faim. Les hommes se taisent toujours.

Conseil, qui sait l'allemand, raconte à son tour.

Toujours pas de réponse.

Alors j'essaie en latin[3]. Même résultat !

Les deux hommes se disent encore quelques mots dans leur langue, puis ils s'en vont. La porte se referme.

---

1. Une prison : endroit d'où l'on ne peut pas sortir.
2. Se plaindre : dire qu'on n'est pas content.
3. Le latin : langue que les Romains parlaient autrefois.

Ned Land se met en colère pour la dixième fois.

« Comment, crie-t-il, on leur parle français, anglais, allemand, latin et ils ne répondent même pas !

– Du calme, Ned, la colère ne mène à rien. »

À ce moment, la porte s'ouvre. Un steward paraît. Il nous apporte des vêtements, nous nous habillons.

Pendant ce temps, il a installé la table.

Il n'y a ni pain, ni vin, mais de l'eau claire. Dans certains plats, je reconnais du poisson. Je ne connais pas ce qu'il y a dans les autres.

Nous mangeons, puis, notre faim calmée, le besoin de sommeil se fait sentir. Nous nous couchons sur le plancher de la cabine et nous nous endormons.

*
* *

Je me réveille le premier, bien reposé. Mes camarades dorment encore. Rien n'a changé dans notre prison.

Je respire difficilement. L'air est lourd et nous sommes trois à respirer. Il faut remplacer l'air de notre cabine et celui du sous-marin. Comment l'air est-il remplacé ? Sans doute, toutes les vingt-quatre heures, le sous-marin revient à la surface des eaux.

Enfin, de l'air frais et qui sent la mer arrive dans la cabine. Je respire à fond. Ned et Conseil s'éveillent.

« Monsieur a bien dormi ? me demande Conseil, toujours poli.

– Très bien, merci, mon garçon. Et vous, maître Ned Land ?

– Profondément. Mais l'air que je respire sent le vent de mer ! Quelle heure est-il ? Peut-être celle du dîner ?

– Plutôt celle du déjeuner, sans doute avons-nous dormi vingt-quatre heures, dit Conseil.

– Dîner ou déjeuner, ça ne fait rien. Que le steward apporte l'un et l'autre, répond le Canadien. Nous avons droit à deux repas, et pour moi, je mangerai les deux.

– Eh bien ! Ned, attendons. On ne va pas nous laisser mourir de faim.

– Il faut nous mettre à l'heure du bord[1]. Attendons, dit tranquillement Conseil.

– Je vous reconnais là, ami Conseil, vous restez toujours calme et vous ne vous plaignez jamais.

– À quoi cela sert-il ? demande Conseil.

– Voyons, monsieur Aronnax, que pensez-vous de tout cela ?

– Je pense que le hasard nous a fait connaître un secret important. Si ce secret est plus important que notre vie, on peut nous tuer. Attendons et ne faisons rien puisqu'il n'y a rien à faire.

– Nous pouvons nous sauver.

– Se sauver d'une prison sous-marine me paraît impossible.

– Alors il faut rester dans cette prison et jeter dehors ceux qui nous gardent.

– C'est aussi impossible. En attendant, promettez-moi d'être calme et de ne pas trop vous mettre en colère.

– Je vous le promets, monsieur le Professeur. »

Nous restons sans parler, chacun pense de son côté. Mais, peu à peu, le temps passe. La faim se fait sentir et la colère de Ned Land grandit. Il appelle, il crie, il frappe les murs. Rien ne répond.

Enfin la porte s'ouvre, le steward paraît. Le Canadien se jette sur lui, le couche sur le plancher

---

1. Se mettre à l'heure du bord : prendre les habitudes du bateau.

et lui serre le cou très fort.

Alors, nous entendons ces mots dits en français :
« Calmez-vous, maître Land, et vous, monsieur le
Professeur, écoutez-moi. »

*
* *

C'est le commandant du bord qui parle ainsi.

Ned Land se relève, le steward aussi et il sort sans
dire un mot.

Nous attendons en silence.

Le commandant nous regarde, puis il dit :

« Messieurs, je parle le français, l'anglais, l'allemand
et le latin. Je pouvais vous répondre la première fois.
Mais je voulais réfléchir. Vous m'avez raconté la
même histoire et je sais à qui j'ai affaire[1]. Je suis un
homme qui a quitté tout à fait le reste des hommes.
Vous êtes venus sur mon bateau...

– Sans le vouloir, dis-je.

– Non, répond l'inconnu. Ce n'est pas sans le
vouloir. L'*Abraham Lincoln* me chassait. Vous étiez
sur ce bateau et Ned Land m'a harponné.

– Monsieur, plusieurs accidents ont fait croire à un
monstre marin qu'il fallait tuer à tout prix. C'est ce
monstre que nous chassions.

– Peut-être, mais si votre frégate chasse un bateau
sous-marin comme un monstre, j'ai le droit de voir
en vous des ennemis. Je pourrais vous rejeter à la
mer, mais j'ai décidé de vous garder à mon bord où
vous serez libres d'aller et de venir.

– Mais nous ne reverrons jamais nos parents, nos
amis, notre pays ?

– Non, monsieur.

---

1. Je sais à qui j'ai affaire : je sais qui vous êtes.

– Nous ne vous promettons pas de rester. Nous essaierons de nous sauver.

– Je ne vous le demande pas. Mais vous, monsieur le Professeur, vous n'avez pas à vous plaindre de ce hasard. Vous allez voyager sous la mer. Chaque jour vous serez plus étonné que la veille[1]. Vous allez voir ce qu'aucun homme n'a jamais vu. »

Ces paroles me font plaisir et je demande :

« Monsieur, comment doit-on vous appeler ?

– Je suis le capitaine Nemo et vous êtes sur le *Nautilus.*

Le capitaine appelle ; quand un steward vient, il lui parle dans cette langue inconnue. Un repas attend Ned et Conseil dans leur cabine. Moi, je suis le capitaine et nous arrivons dans une salle à manger très bien décorée.

« Asseyez-vous et mangez », me dit le capitaine Nemo.

Le déjeuner est très bon. Tout ce qui est servi vient de la mer.

À ma question, le commandant répond :

« Oui, monsieur le Professeur. La mer me nourrit et m'habille. J'aime la mer. Elle est pleine de vie. Le monde a commencé par elle et finira par elle. La mer n'est pas aux hommes. À trente pieds* au-dessous de sa surface, c'est le calme et le silence. Là je ne connais pas de maître, là je suis libre ! »

Le capitaine Nemo se tait un moment, puis il ajoute :

« Maintenant, monsieur le Professeur, si vous voulez voir le *Nautilus,* suivez-moi. »

Le capitaine se lève, ouvre une porte et j'entre dans

---

1. La veille : le jour d'avant.

une bibliothèque. Un grand nombre de livres sont là autour de la salle. Contre le mur il y a des sièges très confortables. La lumière est électrique.

« Capitaine Nemo, dis-je, voilà une belle bibliothèque. Vous avez là six ou sept mille livres…

– Douze mille, monsieur Aronnax. Ces livres, vous pouvez vous en servir librement. »

Je dis merci au capitaine Nemo. Les livres sont écrits dans toutes les langues. Ceux écrits par des savants sont les plus nombreux.

« Cette salle est un lieu où on peut fumer, dit le capitaine. Prenez ce cigare[1] et dites-moi s'il est bon.

– Il est très bon, dis-je, mais ce n'est pas du tabac.

– Non, c'est une plante marine qui le produit. »

À ce moment, le capitaine Nemo ouvre une porte et nous passons dans un très grand salon de dix mètres sur six, bien éclairé. Il y a là des merveilles[2] : une trentaine de peintures aux murs, des livres de musique, des plantes, des coquillages[3] et tout ce que produit la mer.

Je regarde avec grand plaisir toutes ces choses merveilleuses.

Le capitaine Nemo me dit :

« Toutes ces choses, je les ai ramassées de ma main dans toutes les mers.

– Capitaine, dis-je, je suis curieux de savoir comment marche ce bateau. Je vois ici des appareils, je voudrais savoir à quoi ils servent.

– Monsieur le Professeur, les mêmes appareils se trouvent dans ma chambre. C'est là que je vais vous

---

1. Un cigare : une grosse cigarette faite de feuilles de tabac.
2. Des merveilles : des choses très belles.
3. Un coquillage : animal marin, dont le corps est recouvert d'une enveloppe dure (la coquille) qui peut être très belle.

expliquer à quoi ils sont utiles. Mais avant, allons à votre cabine. Venez voir comment vous serez installé à bord du *Nautilus.* »

Je suis le capitaine Nemo. Il me conduit vers l'avant et là je trouve une chambre confortable avec lit, table pour se laver et autres meubles.

« Votre chambre est à côté de ma cabine, me dit-il, et ma cabine donne sur le salon que nous venons de quitter. »

J'entre dans la cabine du capitaine. Un lit de fer, une table de travail, quelques meubles.

Le capitaine Nemo me montre un siège.

« Veuillez vous asseoir », me dit-il.

Je m'assois et il commence à parler.

*
* *

« Monsieur, dit le capitaine Nemo, voici les appareils nécessaires pour faire naviguer le Nautilus. Vous connaissez le thermomètre*, le baromètre*, la boussole*, les lunettes* de jour et de nuit.

– Je les connais. Mais celui-ci, n'est ce pas un manomètre ?

– Si. Il donne la pression extérieure de l'eau, donc la profondeur où se tient le *Nautilus.* Pour les autres, je dois vous expliquer quelque chose. Écoutez-moi. J'emploie sur mon bateau quelque chose de très fort et qui fait tout ce que je veux. Cette force m'éclaire, me chauffe et fait marcher mes machines : c'est l'électricité.

– Mais les corps que vous employez pour la produire s'usent vite. Comment les remplacez-vous puisque vous n'allez jamais à terre ?

La chambre du capitaine Nemo.

– Je demande à la mer de me donner tout ce qu'il me faut pour produire mon électricité. Je dois tout à l'océan. L'électricité donne au *Nautilus* le chauffage, la lumière, le mouvement, la vie en un mot.

– Et l'air que vous respirez ?

– Je pourrais le produire, mais ce n'est pas nécessaire. Je remonte quand il me plaît à la surface de la mer et je peux faire des provisions d'air sous pression. Tout marche à l'électricité à bord, cette pendule[1], cet appareil qui vient de l'hélice et me donne la vitesse vraie du bateau. Ce n'est pas fini, suivez-moi, nous allons voir l'arrière du navire. »

Je suis le capitaine. Au milieu du sous-marin se trouve une échelle de fer allant vers le haut. Il me dit :

« Cette échelle conduit à un canot[2] qui est solidement attaché à la coque. Ce canot peut remonter à la surface de la mer avec quelqu'un dedans. Je m'en sers pour pêcher ou me promener.

– Et pour revenir à bord ?

– Un fil électrique m'attache au *Nautilus*. Je téléphone et on vient me chercher. »

Nous passons près d'une cabine où Conseil et Ned Land mangent. Nous voyons la cuisine, une salle de bain, ensuite vient le poste d'équipage[3]. Au fond se trouve la chambre des machines où le capitaine, très bon ingénieur, a installé tout ce qui fait marcher son navire. Elle a vingt mètres de long et elle est partagée en deux parties.

« Avec l'électricité, mon sous-marin peut aller à cinquante milles à l'heure.

---

1. Une pendule : une grosse montre.
2. Un canot : un petit bateau.
3. Le poste d'équipage : l'endroit où se réunissent ceux qui dirigent le bateau.

La chambre des machines.

– Mais marcher n'est pas tout. Il faut savoir où l'on va. Comment pouvez-vous aller très profond sans être écrasé par la pression ? Comment remontez-vous à la surface ? Est-ce un secret ?

– Non, répond le capitaine, venez au salon et vous l'apprendrez. »

nous sommes assis au salon...

Un moment après, nous sommes assis au salon. Le capitaine me montre un dessin du *Nautilus.* Il me dit :

« Mon bateau est rond, très long, à bouts pointus, comme un cigare. Il mesure soixante-dix mètres de long et huit de large. Il est fait de deux coques en acier, l'une intérieure, l'autre extérieure, ce qui le rend très solide. Quand je veux plonger, je remplis les réservoirs[1] d'eau.

– Mais une pression trop forte peut l'écraser.

– Non, monsieur. Je peux descendre aussi profond que je veux et je chasse l'eau des réservoirs quand je veux remonter.

– Mais pour chasser l'eau, il faut une force...

– Très grande. Seule l'électricité peut me la donner. La force de mes machines est à peu près infinie[2]. »

Et il ajoute : « Je dois vous expliquer comment on manœuvre[3] le *Nautilus*. Pour faire aller ce bateau sur bâbord et tribord, je me sers d'un large gouvernail. Pour le faire aller vers le bas et vers le haut, j'ai placé de chaque côté du *Nautilus* deux autres gouvernails qui se manœuvrent de l'intérieur.

– Comment le pilote peut-il suivre la route sous l'eau ?

– Il est placé dans une cabine couverte de vitres qui sort de la coque. Le verre, qui se casse facilement, est très résistant à la pression.

– Et comment voit-on au milieu des profondeurs marines ?

– Derrière le pilote, une très forte lampe électrique éclaire la mer à un demi-mille.

– C'est merveilleux, capitaine. Mais, avez-vous voulu le choc du *Nautilus* et du *Scotia* ?

– Pas du tout. C'est sans le vouloir que le choc s'est produit.

– Et l'*Abraham Lincoln* ?

---

1. Un réservoir : endroit où on peut garder un liquide (eau, essence, pétrole...).
2. Infinie : très grande, qui ne finit jamais.
3. Manœuvrer : gouverner, diriger.

– On me chassait, je me suis défendu. Mais ce que j'ai fait à la frégate peut être réparé dans le prochain port.

– Capitaine, c'est un merveilleux bateau que votre *Nautilus*.

– Oui, monsieur. Je suis à la fois l'ingénieur, celui qui l'a construit et le capitaine de ce navire. Et je l'aime comme mon enfant.

– Comment avez-vous pu construire, en secret, le *Nautilus* ?

– Chacun de ses morceaux m'est arrivé d'un point différent de la terre. J'ai installé mes ateliers[1] sur une petite île perdue, en plein océan. Mes compagnons et moi nous l'avons construit, puis nous avons mis le feu à tout ce que nous avions installé.

– Votre navire a dû coûter très cher ?

– Très cher.

– Vous êtes donc très riche, capitaine ?

– Riche à l'infini. »

*
* *

C'est dans l'océan Pacifique que je vais me promener de si curieuse façon.

« Monsieur le Professeur, me dit le capitaine Nemo, nous allons porter sur la carte le point de départ de ce voyage. Il est midi moins le quart. Je vais remonter à la surface des eaux. »

Je monte par l'escalier de fer sur le dessus du *Nautilus,* sur la plate-forme[2]. La mer est très belle, le ciel clair. L'horizon, sans brouillard, permet de bien voir. Rien en vue, ni île ni bateau. Le capitaine fait le point*. Puis nous redescendons au salon.

---

1. Un atelier : endroit où des ouvriers fabriquent quelque chose.
2. La plate-forme : endroit plat se trouvant au point le plus haut du sous-marin.

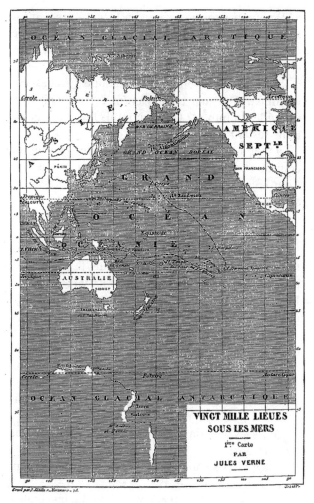

C'est dans l'océan Pacifique que je vais me promener...

« Monsieur Aronnax, me dit le capitaine, c'est aujourd'hui 8 novembre à midi que commence notre voyage sous les eaux. Maintenant je vous laisse à vos études. Le salon est à vous. »

Je reste seul en pensant au capitaine. Quel est cet homme ? De quel pays vient-il ? Pourquoi a-t-il quitté les hommes ? Que lui ont-ils fait ? Ces questions restent sans réponse.

La mer a ses rivières, comme la terre : ce sont les courants*. Par le point indiqué sur la carte passe le Kouro-Shivo[1]. C'est ce courant que le *Nautilus* va suivre.

Ned Land et Conseil paraissent à la porte et restent sans bouger, étonnés par les merveilles du salon.

Conseil regarde de tous ses yeux. Ned Land me demande ce que je sais du capitaine. Je lui dis que je ne sais rien. Je lui demande ce qu'il a vu et entendu. Il est comme moi. Il dit que l'équipage doit être électrique, lui aussi.

À ce moment, il fait noir, le plafond s'éteint, quelque chose se fait entendre sur les côtés du *Nautilus*.

Soudain, le jour se fait de chaque côté du salon à travers deux grandes fenêtres rondes. La mer paraît, éclairée. Quel spectacle !

« Mais les poissons ! dit le Canadien, je ne vois pas de poissons !

– Ce n'est pas important pour vous, répond Conseil, vous ne les connaissez pas. »

Les deux amis discutent pour savoir qui les connaît mieux. Ils les connaissent tous deux, chacun d'une façon différente.

---

1. Kouro-Shivo : courant chaud de l'océan Pacifique et qui baigne la côte Est du Japon.

Puis les poissons arrivent. Pendant deux heures une armée de poissons suit le *Nautilus* et nous regardons ce merveilleux spectacle.

D'un seul coup, les vitres se ferment par des panneaux[1] d'acier et la lumière revient dans le salon.

Nous retournons à nos cabines. Mon dîner m'attend. Je lis, j'écris, puis je m'endors.

*
* *

Quand je me réveille, le lendemain, Conseil vient me voir. le Canadien dort encore.

J'espère revoir le capitaine Nemo aujourd'hui.

Je m'habille et je vais au salon. Personne. Je regarde les plantes marines. Séchées, elles ont gardé leurs belles couleurs.

La journée se passe. Le capitaine Nemo ne vient pas. Les fenêtres du salon ne s'ouvrent pas.

Le lendemain, 10 novembre, c'est la même chose. Je ne vois personne de l'équipage. Ned et Conseil restent avec moi.

Ce jour-là, je commence d'écrire notre histoire.

Le 11 novembre, l'air frais nous apprend que nous sommes revenus à la surface, pour changer l'air.

Je monte sur la plate-forme par l'escalier. Il est six heures.

J'entends quelqu'un monter. C'est le second[2] qui paraît. Sa lunette aux yeux, il regarde avec une très grande attention. Puis il va vers l'escalier et dit ces mots que je ne comprends pas : « Nautron respoc lorni crich. »

Puis il redescend. Je reviens à ma chambre.

---

1. Un panneau : un morceau de bois ou de métal grand et plat qui ferme quelque chose.
2. Le second : l'officier qui commande en second.

Cinq jours se passent ainsi. Le capitaine ne paraît pas. Enfin le 16, je trouve une lettre à mon adresse.

Monsieur le Professeur Aronnax,
à bord du Nautilus.

16 novembre 1867.

Le capitaine Nemo demande à monsieur Aronnax de l'accompagner à une partie de chasse, demain matin dans ses forêts de l'île Crespo. Il verra avec plaisir ses compagnons se joindre à lui.

Capitaine Nemo.

« Il faut dire oui, dit Ned Land, une fois à terre, nous essayerons de nous sauver. »

Ned Land et Conseil me quittent. Après un repas servi par le steward muet, je m'endors.

Le lendemain matin, je m'habille et je vais dans le grand salon. Le capitaine m'attendait. Je lui demande :

« Vous allez à terre, dans vos forêts ?

– Mes forêts sont sous-marines.

– Et nous irons vers elles à pied et en chassant ?

– Oui, monsieur, venez déjeuner, je vais vous expliquer comment. »

Je le suis, nous mangeons, puis il me dit :

« Pour aller sous l'eau, j'emporte de l'air sous pression dans des bouteilles d'acier que je porte sur le dos. Je m'éclaire avec un appareil Ruhmkorff attaché à ma ceinture. Je chasse avec un fusil[1] qui marche à l'air sous pression et lance des balles chargées d'électricité.

– Je ne discute plus et je vous suis », dis-je.

Nous arrivons à une cabine et prenons nos vêtements de promenade.

---

1. Un fusil : une arme à feu qui lance des balles.

Dans cette cabine, une dizaine de vêtements sous-marins nous attendent. Ned Land, lui, ne veut pas les mettre.

Conseil dit :

« Je suis Monsieur partout où va Monsieur. »

Deux hommes de l'équipage viennent nous aider à mettre ces lourds vêtements de caoutchouc qui ne craignent pas les fortes pressions. Le capitaine Nemo, un de ses compagnons, Conseil et moi, nous prenons les vêtements. Tous les quatre, nous posons sur notre tête une partie de métal creuse avec trois trous fermés de verres épais.

La lampe à la ceinture, le fusil à la main, nous sommes prêts à partir. Nous passons dans une petite chambre à côté de la cabine. La porte est fermée. L'eau de mer arrive et nous entoure, une seconde porte s'ouvre alors et nous sommes au fond de la mer.

Le capitaine Nemo marche en avant, et son compagnon nous suit quelques pas en arrière. Conseil et moi, nous restons l'un près de l'autre. Les rayons du soleil traversent l'eau et permettent de voir les objets jusqu'à cent mètres.

Nous marchons sur un sable fin pendant un quart d'heure. Peu à peu on ne voit plus la coque du *Nautilus*. Nous avançons toujours. Il est alors dix heures du matin. Le soleil frappe la surface de la mer et donne des couleurs merveilleuses aux plantes, aux fleurs, aux coquillages, et même aux pierres. Je m'arrête pour regarder, Conseil aussi. Nous repartons.

Nous avons quitté le *Nautilus* depuis une heure et demie. Il est près de midi. Nous marchons d'un bon pas. En ce moment, le sol descend, la lumière devient plus faible. Nous arrivons à une profondeur de cent mètres, avec une forte pression. Mais je ne sens

Nous marchons sur un sable fin pendant un quart d'heure...

rien, le vêtement est très bien fait, j'ai seulement un peu de mal à plier les doigts.

Je marche depuis deux heures avec un vêtement qui est assez lourd. Je n'ai pas l'habitude de ce vêtement, et je ne suis pas fatigué.

À cette profondeur de trois cents pieds, nous ne voyons presque plus les rayons du soleil. C'est comme entre le jour et la nuit. Mais nous voyons assez pour nous diriger et il n'est pas encore nécessaire d'allumer les lampes.

À ce moment, le capitaine Nemo s'arrête. Il attend que j'arrive à lui, et du doigt il me montre quelque chose. Je pense : « C'est la forêt de l'île Crespo. »

*
* *

Nous sommes enfin arrivés au bord de cette forêt. Le capitaine Nemo pense qu'elle est à lui. Quel autre homme peut la lui prendre ?

Cette forêt est faite de grandes plantes marines en forme d'arbres. Toutes ces plantes montent tout droit vers la surface de l'océan. Le sol est couvert de pierres pointues et il ne fait pas très clair. Les poissons-mouches volent de branche en branche et d'autres poissons se lèvent sous nos pas.

Vers une heure, nous nous arrêtons pour nous reposer un peu et j'en suis très heureux. Mais impossible de parler. Je mets ma grosse tête de métal près de celle de Conseil et je vois les yeux de ce brave[1] garçon et son sourire.

Après quatre heures de cette promenade je suis très étonné de ne pas avoir faim. J'ai très envie de dormir, c'est ce qui arrive à tous les plongeurs sous-

---

1. Brave : ici, qui est gentil, bon, fidèle.

marins. Mes yeux se ferment derrière l'épaisse vitre et je m'endors, couché sur le sol. Le capitaine Nemo, son compagnon et Conseil dorment aussi.

Quand je me réveille, je vois à quelques pas un animal marin. C'est une araignée de mer* très grosse qui me regarde, prête à sauter sur moi. Mais le compagnon du capitaine la tue.

Nous continuons, le sol descend toujours. Il est à peu près trois heures quand nous arrivons dans une étroite vallée, à cent cinquante mètres de fond. Nous allumons nos lampes et la mer s'éclaire jusqu'à vingt-cinq mètres.

Nous descendons toujours. Enfin, vers quatre heures, nous arrivons devant un mur de grosses pierres. C'est le pied de l'île, c'est la terre.

Nous retournons sur nos pas et remontons vers la surface de la mer, à dix mètres de profondeur. Aucun animal valant un coup de fusil ne se présente. Tout à coup je vois le capitaine Nemo porter le fusil à son épaule. Le coup part en sifflant et un animal tombe à quelques pas.

C'est une loutre de mer*, longue d'un mètre cinquante, à la peau très belle. Je vois sa tête aux oreilles courtes et aux yeux ronds. Le compagnon du capitaine la met sur son épaule et on se remet en route.

Une heure après, cet homme tire sur un grand oiseau qui volait au-dessus de la surface des eaux. L'animal est tué et tombe à nos pieds. C'est un albatros* très beau.

Pour ne pas être vus par deux requins* très dangereux, nous sommes obligés de nous coucher sur le sol. Les terribles bêtes passent au-dessus de nous sans nous voir. Heureusement !

Une demi-heure après nous arrivons au *Nautilus*. Très fatigué, mourant de faim et de sommeil, je vais dans ma chambre, très content de cette merveilleuse promenade.

*
* *

Le lendemain matin, 18 novembre, je monte sur la plate-forme où le second fait le point. Rien sur l'océan. Le capitaine Nemo paraît. Plusieurs matelots arrivent.

Ils relèvent les filets que le sous-marin tire derrière lui.

Ces hommes sont de différents pays. Ils parlent cette langue que je ne comprends pas.

Dans les filets il y a plus de cinq cents kilos de poissons.

La pêche finie, la provision d'air faite, je vais redescendre, quand le capitaine Nemo me dit :

« Voyez cet océan, monsieur le Professeur, il est la vie même. Savez-vous quelle est la profondeur de la mer ?

– Plus de huit mille mètres dans l'Atlantique Nord, deux mille cinq cents mètres en Méditerranée, quinze mille mètres dans l'Atlantique Sud.

– Je vous montrerai mieux que cela », répond le capitaine.

Cela dit, il va vers l'échelle et descend. Je le suis et vais au grand salon. Le sous-marin plonge et repart.

Pendant des jours, des semaines, je vois très peu le capitaine Nemo. Sur la carte, je peux suivre la route du *Nautilus*. Conseil et Ned Land passent de longues heures avec moi.

Chaque jour, les fenêtres du grand salon s'ouvrent et nous regardons le monde sous-marin.

Le 26 novembre, nous avons fait plus de quatre mille lieues* depuis notre départ. J'aperçois les îles Hawaï, les îles Marquises, en allant, le matin, respirer sur la plate-forme.

Nous coupons l'équateur le 1er décembre. La route du *Nautilus* est toujours au sud-est. Dans la nuit du 9 au 10 décembre nous rencontrons un très grand banc[1] de calmars*, on peut les compter par millions. Pendant plusieurs heures, le sous-marin navigue au milieu d'eux.

Pendant la journée du 11 décembre, je lis dans le grand salon. Conseil et Ned Land regardent les eaux éclairées.

Conseil m'appelle et me dit de regarder. Je me lève et je regarde. En pleine lumière électrique quelque chose de très gros et de noir se tient au milieu des eaux.

« Un navire, dis-je.

– Oui, répond le Canadien, un bateau qui a fait naufrage ! »

Ned Land ne se trompe pas. Triste spectacle ! Sur le pont nous voyons quatre corps d'hommes noyés et une femme avec un enfant dans les bras. Déjà les requins arrivent.

*
* *

Plusieurs fois nous avons rencontré le même spectacle depuis que le *Nautilus* suit sa route dans des mers où on trouve plus de bateaux.

Dans cette partie de l'océan Pacifique, de très nombreuses îles sont formées par les coraux. Les coraux sont de très petits animaux marins qui construisent peu à peu de très grands murs de pierre. Quand ces

---

1. Un banc (de poissons ou de coquillages) : un groupe important.

murs arrivent à la surface de la mer, ils forment des îles. Sur ces îles, il n'y a rien d'abord. Puis un jour, la mer ou le vent apporte une graine, des plantes, des arbres poussent. Des oiseaux arrivent et, plus tard, d'autres animaux et des hommes.

Conseil me demande le temps qu'il faut aux coraux pour construire ces murs et ces îles. Il faut cent ans (un siècle) pour que le mur grandisse de quatre millimètres.

« Donc, pour construire ces îles, dit-il, il a fallu... ?

– À peu près deux cent mille ans, mon brave Conseil. »

Le 11 décembre, nous passons près des îles Pomotou, puis de l'île de Clermont-Tonnerre couverte de bois. Vers le soir, l'île disparaît à l'horizon et le *Nautilus* change sa route, il va vers l'ouest-nord-ouest.

Le 15 décembre, nous laissons à l'est les îles de la Société et Tahiti, la plus belle île du Pacifique.

Le 25 décembre, le sous-marin navigue au milieu des Nouvelles-Hébrides. Ce jour-là, c'est le jour de Noël, mais il n'y a pas de fête à bord, et Ned Land est triste.

Depuis huit jours, je n'ai pas vu le capitaine Nemo. Le 27 au matin, il entre dans le grand salon où je suis occupé à regarder sur la carte la route du *Nautilus*. Il vient vers moi, pose un doigt sur la carte et dit : « Vanikoro ».

C'est le nom des îles où les navires de La Pérouse ont fait naufrage. Je demande :

« Je pourrai voir ces îles ?

– Si cela vous plaît, monsieur le Professeur.

– Quand serons-nous à Vanikoro ?

– Nous y sommes. »

Avec le capitaine Nemo, je monte sur la plate-forme.

Pendant la nuit du 27 au 28 décembre, nous quittons Vanikoro à grande vitesse. Le 1er janvier 1868, de grand matin, Conseil vient à moi sur la plate-forme.

« Monsieur, me dit ce brave garçon, me permettra de lui souhaiter une bonne année[1].

– Je te remercie. Mais qu'est-ce qu'"une bonne année" ? Celle qui nous fera quitter ce bateau ou au contraire celle qui nous verra continuer ce voyage ?

– Je ne sais que dire à Monsieur. Depuis deux mois, nous voyons beaucoup de merveilles. Il me semble intéressant de continuer.

– Mais qu'en pense Ned Land ?

– Ned Land pense le contraire. Il pense à se sauver. Moi, je pense à rester. Donc, l'année sera bonne pour quelqu'un. »

Là-dessus, le brave garçon s'en va.

*
* *

Nous traversons la mer de Corail. Le capitaine Nemo m'apprend qu'il veut gagner[2] l'océan Indien par le détroit* de Torre. Ce détroit de Torre est très dangereux à cause des rochers sous-marins qui arrivent à la surface de la mer. Les commandants les plus courageux ont peur de le traverser. Il est plein d'un très grand nombre d'îles, grandes et petites. Le *Nautilus,* à la surface de l'eau, avance lentement. Mes deux compagnons et moi, nous restons sur la plate-forme.

« Voilà une mauvaise mer ! me dit Ned Land.

– Très mauvaise, même pour le *Nautilus.* »

Il est alors trois heures de l'après-midi. Le sous-

---

1. Souhaiter la bonne année : dire à ses amis bonne année, bonne santé le premier jour de l'année.
2. Gagner : ici, rejoindre un lieu, y aller.

marin vient près d'une île. D'un seul coup, un choc me fait tomber. Le *Nautilus* vient de toucher un rocher et il ne bouge plus. Le capitaine, toujours calme, arrive.

« Voilà un accident, dis-je, qui va vous obliger peut-être à revenir sur la terre.

– Non, monsieur Aronnax, dans cinq jours la lune est pleine, la marée* sera plus haute et nous emportera. »

Le capitaine, suivi de son second, redescend à l'intérieur du navire.

« Eh bien, monsieur ? me dit Ned Land.

– Eh bien, nous attendons la marée du 9 qui doit nous emmener.

– C'est le moment de nous sauver.

– Impossible, les hommes qui habitent ces îles sont très méchants et nous tueraient.

– Mais on peut aller à terre pour chasser ; j'ai très envie de viande.

– Je peux le demander au capitaine. »

Le capitaine Nemo veut bien. Le lendemain, armés de fusils et de haches[1], nous prenons le canot pour aller dans l'île.

*
* *

À huit heures et demie nous sommes sur l'île. D'abord, nous trouvons un cocotier[2]. Nous prenons ses fruits et nous buvons le lait qui est à l'intérieur. Ned décide d'en emporter à bord. Nous entrons dans la forêt et pendant deux heures nous marchons en tous sens. Nous trouvons des arbres à pain. Ned connaît bien leurs fruits et sait les préparer. Il allume

---

1. Une hache : un outil qui sert à couper le bois.
2. Un cocotier : un arbre des pays chauds à grandes feuilles dures. Son fruit est la noix de coco.

un feu de bois mort, coupe les fruits et les fait cuire en disant :

« Vous verrez, monsieur, comme ce pain est bon. »

Au bout de quelques minutes, ils sont cuits.

« Ce pain est très bon, dis-je, malheureusement, nous ne pouvons le garder frais.

– Si, monsieur, en faisant une pâte qui se garde très longtemps. Quand je voudrai en manger, je la ferai cuire à la cuisine du bord.

– Alors, il nous manque des fruits et des légumes. Cherchons-les. »

Vers midi, nous avons trouvé des bananes, des mangues et des ananas[1].

« Il ne nous manque plus rien, ami Ned, dit Conseil.

– Tout ça est le dessert, dit Ned Land, mais la viande ? »

Nous revenons à travers la forêt, très chargés par nos provisions, quittons l'île, et une demi-heure après, nous arrivons au *Nautilus,* vers cinq heures du soir. Personne ne paraît. Je descends à ma chambre, je mange et je m'endors.

Le lendemain, 6 janvier, nous retournons à l'île pour chasser. Au lever du soleil, nous sommes en route. Nous remontons la côte* vers l'ouest. Nous traversons une grande prairie[2] et rencontrons de nombreux oiseaux : pigeons, perroquets* et perruches*. Conseil tue deux pigeons ; cuits sur un feu de bois mort ils sont très bons.

Nous retournons vers la mer et Conseil réussit à attraper un des plus beaux oiseaux du monde. C'est le paradisier aux merveilleuses couleurs.

---

1. Une banane, une mangue, un ananas : trois fruits des pays chauds.
2. Une prairie : endroit plat couvert d'herbe.

Enfin Ned Land tue un cochon des bois et quelques petits kangourous*.

À six heures du soir nous sommes au bord de la mer et Ned s'occupe du dîner. Le dîner est très bon : des pigeons, du cochon, du pain, quelques mangues, des ananas et le lait des fruits du cocotier. Tout cela nous rend heureux.

« Si nous ne retournions pas ce soir au *Nautilus* ? dit Conseil.

– Si nous n'y retournions jamais ? » ajoute Ned Land.

En ce moment une pierre vient tomber à nos pieds.

*

*   *

Nous regardons du côté de la forêt. Une deuxième pierre enlève de la main de Conseil un morceau de pigeon. Nous nous levons le fusil à l'épaule.

« Au canot », dis-je en courant vers la mer.

Une vingtaine d'indigènes[1] paraissent au bord de la forêt en nous jetant des pierres.

En deux minutes nous sommes au canot. Nous chargeons les provisions et, vingt minutes après, nous arrivons au *Nautilus*.

Je descends au salon pour prévenir le capitaine, mais il reste calme.

« Monsieur Aronnax, me dit-il, le *Nautilus* n'a rien à craindre[2] des indigènes. »

Je remonte sur la plate-forme, il fait nuit. De nombreux feux sont allumés sur l'île. Les indigènes sont là.

Je vais à ma cabine et je m'endors.

---

1. Un indigène : l'habitant du pays.
2. On n'a rien à craindre des indigènes : les habitants du pays ne nous feront pas de mal.

À six heures du matin, le 8 janvier, les indigènes sont toujours là. Ils sont plus nombreux, cinq ou six cents peut-être. Avec la marée basse quelques-uns se sont avancés près du *Nautilus*.

Bien sûr, nous n'allons pas à terre et Ned Land n'est pas content. Il prépare les viandes qu'il a rapportées de la chasse.

Aidé de Conseil, je pêche dans l'eau claire. Nous amenons à nous plusieurs coquillages. Tout à coup, je trouve une merveille : un coquillage très rare. Je me promets de l'offrir au Muséum de Paris, quand une pierre, lancée par un indigène, le casse dans la main de Conseil. Je pousse un cri, Conseil se jette sur son fusil et veut tirer sur l'homme. Je l'arrête en lui disant qu'un coquillage ne vaut pas la vie d'un homme.

Pendant ce temps, une vingtaine de petits bateaux entourent le sous-marin.

« Il faut prévenir le capitaine Nemo », dis-je.

Je descends au salon, je ne trouve personne. Je vais à la chambre du capitaine et lui explique ce qui se passe.

« Ah ! fait-il tranquillement, il faut fermer les panneaux. »

Il donne un ordre.

« Voilà qui est fait.

– Mais demain matin, il faudra les rouvrir pour changer l'air du *Nautilus* ?

– Certainement. Mais ne craignez rien. Ils n'entreront pas. »

Le lendemain matin, je vais vers l'escalier. Ned Land et Conseil sont là. Les panneaux sont ouverts. Le premier indigène qui veut descendre saute en arrière et part en courant. Dix de ses compagnons essaient. C'est la même chose. Je comprends alors. Le capitaine a lancé de l'électricité dans l'escalier de métal et ils sont pieds nus.

Les indigènes, qui ont très peur, se sauvent.

Nous sommes le 9, la marée est haute et le *Nautilus*, porté par la mer, quitte son lit de rocher. Son hélice bat les eaux et il repart.

*
* *

Le 10 janvier, le *Nautilus* marche à grande vitesse vers l'ouest. Nous passons près de l'île Timor et allons vers l'océan Indien. Pendant ce voyage, le capitaine Nemo étudie la température de la mer.

Le 16, le *Nautilus* semble s'endormir à quelques mètres au-dessous de la surface de la mer. Mes compagnons et moi, nous regardons par les fenêtres du salon. Les panneaux qui les ferment sont ouverts mais la grosse lampe du sous-marin n'est pas allumée. Il fait sombre au milieu des eaux. Tout à coup, une vive lumière éclaire la mer. Je crois que c'est la lampe, mais non, le *Nautilus* passe au milieu d'un très grand nombre de tout petits animaux lumineux[1]. Ce spectacle dure plusieurs heures.

Le 18 janvier, je monte sur la plate-forme au moment où le second fait le point. Il appelle le capitaine qui arrive et regarde l'horizon avec une lunette. Les deux hommes discutent dans leur langue. Je regarde, mais je ne vois rien sur la mer.

Le capitaine Nemo donne un ordre et le Nautilus va plus vite. Je descends au salon, je prends une lunette et je remonte. Mais je n'ai pas le temps de regarder, le capitaine, très en colère, me prend la lunette et la jette. Enfin il se calme et se tourne vers moi.

---

1. Lumineux : qui éclaire, qui produit de la lumière.

« Monsieur Aronnax, me dit-il, il faut vous laisser enfermer, vos compagnons et vous, jusqu'au moment où je vous rendrai la liberté.

– Vous êtes le maître. »

Je redescends à la cabine de Ned et de Conseil et je leur dis ce que le capitaine Nemo a décidé. Quatre hommes de l'équipage nous conduisent à la cabine où on nous a enfermés à notre arrivée. Ils en ferment la porte.

La table est préparée. Le repas se fait en silence. Ned Land mange comme d'habitude, c'est-à-dire beaucoup. Conseil s'oblige à manger aussi. Pour moi, je mange peu. Le déjeuner fini, nous attendons.

À ce moment, la lampe qui éclaire la cabine s'éteint et nous laisse dans le noir. Ned Land s'endort bientôt, ce qui m'étonne, puis Conseil. Je me sens moi-même gagné par le sommeil. Je comprends : on a mis dans ce que nous avons mangé quelque chose pour nous faire dormir.

J'entends les panneaux se fermer. Je ne veux pas m'endormir, mais bientôt je respire plus lentement, j'ai froid, et je m'endors.

*
* *

Le lendemain, quand je me réveille, je suis dans ma chambre. Que s'est-il passé cette nuit ? Je n'en sais rien.

Je monte sur la plate-forme et je trouve Conseil et Ned Land. Ils ne savent rien. Eux aussi se sont réveillés dans leur cabine. La mer est vide. Après avoir changé son air, le *Nautilus* plonge. Le capitaine Nemo ne paraît pas. Vers deux heures, je suis au salon, il entre. Il semble triste et fatigué. Enfin, il vient vers moi et me dit :

« Êtes-vous médecin, monsieur Aronnax ? »

Je suis étonné, puis je réponds :

« Oui, je suis docteur.

– Voudriez-vous soigner un de mes hommes ?

– Bien sûr.

– Venez. »

Le capitaine me conduit dans une cabine. Sur un lit, un homme est couché. Il est blessé à la tête, une terrible blessure. Je le regarde avec attention.

« À votre avis... ? me demande le capitaine. Vous pouvez parler, cet homme ne comprend pas le français.

– Cet homme sera mort dans deux heures.

– Rien ne peut le sauver ?

– Rien. »

Je laisse le capitaine et je vais à ma cabine. La nuit, je dors mal. Le lendemain matin, sur le pont, le capitaine me demande si mes compagnons et moi nous voulons bien le suivre dans une promenade sous-marine.

Nous acceptons. Nous prenons les scaphandres[1] et nous partons avec le capitaine Nemo et une dizaine de ses compagnons. Il est huit heures.

Après deux heures de marche, nous sommes à une profondeur de trois cents mètres dans une forêt de corail.

Le capitaine s'arrête, nous nous arrêtons aussi. Je vois alors que ses hommes portent sur leurs épaules un objet long. Sur le sol, de place en place, des pierres de corail forment des tas longs et étroits. Je comprends tout.

---

1. Un scaphandre : une sorte de vêtement tout à fait imperméable qui couvre la tête et le corps mais qui permet de respirer sous l'eau.

Nous prenons les scaphandres et nous partons...

C'est un cimetière et l'objet porté par les hommes est le corps du marin mort cette nuit. Ses compagnons creusent un trou. Le trou se creuse lentement, la pierre est dure. Quand il est assez long et profond, ils y posent le corps enveloppé dans un drap blanc et tous se mettent à genoux.

Ensuite le corps est couvert de pierres de corail. Nous repartons. Enfin les feux du bord apparaissent. À une heure de l'après-midi, nous sommes de retour.

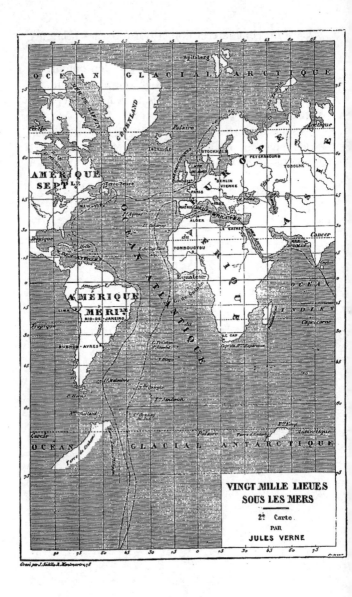

VINGT MILLE LIEUES
SOUS LES MERS

2ᵉ Carte
PAR
JULES VERNE

Gravé par J. Sédille, R. Montmartre, 78

Deuxième partie

Ici commence la deuxième partie de ce voyage sous les mers. Conseil pense que le commandant du *Nautilus* est seulement un savant que les hommes n'ont pas voulu reconnaître. À mon avis, cela n'explique qu'un des côtés du capitaine Nemo. Je ne sais pas ce qui s'est passé la nuit où on nous a endormis dans la cabine fermée. Pourquoi cette colère du capitaine sur la plate-forme ? De quoi est mort l'homme d'équipage ? Tout cela montre qu'il y a un secret que nous ne connaissons pas.

Le *Nautilus* va vers les terres habitées. Ned Land espère alors pouvoir se sauver. Conseil et moi, nous le suivrons sans doute. Mais le savant que je suis voudrait bien continuer ce merveilleux voyage sous-marin. Nous n'avons fait alors que six mille lieues dans le Pacifique.

Ce jour-là, 21 janvier 1868, à midi, le second vient faire le point. Je monte sur la plate-forme, j'allume un cigare et je regarde. Je lui parle en français, mais il reste muet.

Je redescends au salon, les panneaux se ferment et la route est donnée à l'ouest. Nous sommes dans l'océan Indien, aux eaux très claires, entre cent et deux cents mètres de profondeur. Les jours passent. Notre santé est bonne, le spectacle par les vitres du salon est toujours intéressant.

Nous voyons de grands oiseaux marins. Quelques-uns sont tués, et, bien préparés, sont bons à manger. Mais ce sont les poissons qui offrent le plus merveilleux spectacle par leurs formes différentes et leurs belles couleurs. Nous marchons vite alors et beaucoup d'entre eux nous suivent parce que la lumière électrique leur plaît.

Après le 24 janvier, nous allons moins vite. Nous descendons souvent à de grandes profondeurs : deux ou trois kilomètres. Un jour, le *Nautilus* vient à la surface de la mer et je reste sur la plate-forme. Vers quatre heures du soir, nous voyons très loin un navire à vapeur, mais il ne peut pas nous voir.

Ensuite, Conseil et moi voyons un curieux spectacle. Des animaux marins appelés argonautes voyagent à la surface de l'océan. Nous en comptons plusieurs centaines. Ils marchent en reculant.

Le lendemain, après avoir coupé l'équateur, un grand nombre de requins nous suivent. Souvent, ils se jettent contre les vitres du salon et Ned Land voudrait les harponner.

Le 27 janvier, à l'ouest de l'Inde, nous rencontrons des morts à la surface de la mer. Ce sont les morts des villes indiennes apportés par le fleuve Gange jusqu'à la mer. Ils sont mangés par les oiseaux et les requins.

Puis, vers sept heures, il semble que le *Nautilus* navigue dans une mer de lait. Ce sont de très petits animaux qui lui donnent cette couleur. Mais à minuit, l'océan redevient comme avant.

Le 28 janvier, à midi, le *Nautilus* vient à la surface de la mer. Nous voyons une terre à huit milles à l'ouest. C'est l'île de Ceylan, qui est au sud de l'Inde.

Je vais au salon. Le capitaine Nemo et son second paraissent à ce moment. Le capitaine me dit :

« L'île de Ceylan est bien connue pour ses pêcheries de perles[1]. Voulez-vous, monsieur Aronnax, voir une de ces pêcheries ?

– Bien sûr, capitaine.

– Nous irons donc demain. »

Il dit quelques mots à son second qui sort, puis il ajoute : « Monsieur le Professeur, on pêche les perles dans beaucoup de mers, mais les plus belles sont à Ceylan. On les pêche au mois de mars, c'est donc trop tôt pour voir les pêcheurs. Ceux-ci plongent jusqu'à une profondeur de douze mètres avec une lourde pierre et une corde. Ils restent à peu près une minute sous l'eau.

– C'est un dur métier.

– Oui, les pêcheurs sont très peu payés et meurent jeunes. »

Après un moment, il ajoute : « Monsieur Aronnax, vous n'avez pas peur des requins ?

– Des requins ?

– Oui.

– Capitaine, je n'ai pas beaucoup l'habitude de ces poissons.

– Nous en avons l'habitude, nous autres, vous verrez. Nous serons armés. C'est une chasse intéressante. À demain, de grand matin. »

Cela dit, il quitte le salon.

---

1. Une perle : petite boule ronde, blanche, rare et chère fabriquée par des coquillages appelés huîtres.

Je passe ma main sur mon front. Chasser le requin dans la mer ! Brrr ! Je n'ai pas envie d'y aller.

Conseil et Ned Land arrivent, l'air content. Conseil me dit : « Monsieur, le commandant du *Nautilus* nous a demandé d'aller avec lui pour voir les pêcheries de perles de Ceylan.

– Il ne vous a rien dit de plus ?

– Rien, monsieur, dit le Canadien. Il vous a parlé de cette promenade ?

– C'est vrai. Dites-moi, Ned, est-ce que vous avez peur des requins ?

– Moi, répond le Canadien, un harponneur ! C'est mon métier de les pêcher !

– Pas de les pêcher, de les tuer dans l'eau.

– Dans l'eau ? Oh, avec un bon harpon...

– Et toi, Conseil, qu'en penses-tu ?

– Moi, Monsieur ? Si Monsieur n'a pas peur des requins, j'irai avec lui. »

*
* *

Le lendemain, à quatre heures du matin, le steward me réveille. Je me lève, je m'habille et je vais au salon.

Le capitaine Nemo est là. Il me dit que mes compagnons sont prêts. Le canot nous conduira sur le lieu de pêche où nous prendrons nos scaphandres. Il fait encore nuit. Nous montons dans le canot et cinq matelots nous emmènent.

À six heures, le jour se lève. Nous allons vers l'île de Manaar et nous jetons l'ancre[1]. Nous prenons les vêtements sous-marins. Nous sommes armés d'un solide couteau et Ned Land a son harpon. Nous prenons pied sur le sable et nous suivons le capitaine.

---

1. Jeter l'ancre : arrêter le navire. L'ancre et un objet très lourd rattaché au navire par une chaîne. On la jette au fond de l'eau pour empêcher le bateau de bouger.

Le soleil envoie sa lumière sous les eaux. Le sol descend et devient plat à cinq mètres de profondeur.

Vers sept heures nous arrivons au banc d'huîtres perlières. Elles sont en très grand nombre, et Ned Land en remplit un sac.

Nous marchons toujours, suivant le capitaine Nemo. Nous arrivons devant une grotte[1] sombre. Nous entrons et peu à peu je vois mieux. Nous descendons et là, le capitaine s'arrête. Il nous montre quelque chose. C'est une huître énorme, de deux mètres au moins et qui doit peser trois cents kilos. Puis le capitaine met sa main à l'intérieur et me fait voir une perle plus grosse que toutes celles connues. Elle a la taille d'une tête d'enfant et elle vaut très cher. Mais le capitaine attend qu'elle grossisse encore plus. Alors il la prendra et la mettra dans le salon du *Nautilus,* avec ses autres merveilles.

Nous remontons vers le banc d'huîtres. Le capitaine Nemo s'arrête. D'un mouvement de la main, il nous fait cacher derrière les rochers. Je vois une ombre, c'est un pêcheur indien. Il plonge pour ramasser des huîtres. Il remonte les poser dans son canot et recommence.

En ce moment, je vois qu'il a peur. Un requin très grand nage vers l'Indien qui se jette de côté, mais la queue du monstre le frappe. Il tombe. Le requin ouvre la bouche pour le couper en deux. Alors le capitaine Nemo se jette sur le requin et lui ouvre le ventre avec son couteau. La mer devient rouge de sang. Mais sa blessure n'empêche pas le requin de se battre et le capitaine tombe. Le requin va le tuer. Ned Land frappe le monstre au cœur avec son terrible harpon.

---

1. Une grotte : un trou profond ouvert dans la montagne ou dans le rocher.

C'est une huître énorme de deux mètres au moins...

Le requin meurt. Aussitôt debout, le capitaine prend l'Indien dans ses bras et monte à la surface. Il le pose dans le canot et essaye de le faire revenir à la vie. Bientôt l'Indien ouvre des yeux étonnés de voir ces quatre grosses têtes de métal. Le capitaine tire alors de sa poche un petit sac de perles et le lui donne.

Nous plongeons et par le même chemin nous revenons au canot. Nous enlevons nos scaphandres. La première parole du capitaine Nemo est pour le Canadien.

« Merci, maître Land, lui dit-il.

– Je vous devais cela, capitaine », répond Ned Land.

Le capitaine sourit.

« Au *Nautilus* », dit-il.

À huit heures et demie, nous sommes de retour à bord.

*
* *

Pendant la journée du 29 janvier, l'île de Ceylan s'efface à l'horizon. Avec une vitesse de vingt milles à l'heure, le *Nautilus* va vers la mer d'Oman, le golfe* Persique et la mer Rouge.

Le Canadien me demande où nous allons.

« Nous allons où nous emmène le capitaine.

– Mais la mer Rouge est fermée, nous ne pouvons pas passer dans la Méditerranée, vers l'Europe.

– Eh bien ! nous redescendrons le long de l'Afrique, nous passerons le cap de Bonne-Espérance et nous arriverons dans l'Atlantique. Êtes-vous fatigué de ce voyage, Ned ?

– Mais nous sommes à bord depuis trois mois, monsieur ! Le savez-vous ?

– Non, Ned, je ne le sais pas. Je ne compte ni les jours, ni les heures pendant ce merveilleux voyage. »

Pendant quatre jours, nous restons dans la mer d'Oman. Le 5 février, nous arrivons dans le golfe d'Aden et le 6 nous apercevons la ville d'Aden. Le lendemain, par le détroit de Bab el-Mandeb, nous entrons dans la mer Rouge.

Les eaux de cette mer sont si claires qu'on peut voir à de grandes profondeurs. Par les fenêtres du salon je regarde les coraux, les plantes marines, les coquillages et les poissons aux mille couleurs.

Le 9 février, à midi, le capitaine Nemo monte sur

la plate-forme où je me trouve. Il vient à moi, m'offre un cigare et me dit :

« Eh bien, monsieur le Professeur, cette mer Rouge vous plaît-elle ? Avez-vous bien regardé toutes les merveilles de ses eaux et de ses bords ?

– Oui, capitaine, mais d'où lui vient ce nom ? Ses eaux sont claires et sans couleur rouge.

– En avançant vers le nord, vous remarquerez cette couleur qui est produite par de très petites plantes.

– Ce n'est donc pas la première fois que vous venez en mer Rouge avec le *Nautilus* ?

– Non, monsieur.

– Où irons-nous après ?

– Après demain, nous serons dans la Méditerranée.

– Dans la Méditerranée ! Mais le canal de Suez[1] n'est pas encore ouvert aux navires. S'il l'était, le *Nautilus* ne pourrait pas y passer.

– Quand on ne peut pas passer au-dessus, on passe au-dessous.

– Quoi, il existe un passage entre la mer Rouge et la Méditerranée ?

– Oui, monsieur, il passe sous la terre. J'ai pensé à cela en remarquant que les mêmes poissons se trouvent dans les deux mers. J'ai cherché ce passage avec mon *Nautilus,* je l'ai trouvé et je l'ai appelé "Arabian tunnel". »

Ce même jour, je répète à Conseil et à Ned Land ce que le capitaine m'a dit. Mais le Canadien ne veut pas le croire.

« Un tunnel sous-marin ! Qui a jamais entendu parler de cela ?

---

1. Le canal de Suez : passage ouvert en 1869 entre la mer Rouge et la Méditérannée.

– Ami Ned, répond Conseil, vous n'aviez jamais entendu parler du *Nautilus* ; et il est là.

– Nous verrons bien. Je veux bien croire à ce tunnel s'il me conduit en Méditerranée. »

Le lendemain, à midi, nous sommes sur la plateforme. Ned Land aperçoit un long corps noir à la surface des eaux.

« Un autre *Nautilus* ? dit Conseil.

– Non, répond le Canadien, c'est un animal marin ; mais ce n'est pas une baleine. »

Je comprends alors quel est cet animal curieux. Il en reste quelques-uns dans la mer Rouge. C'est un dugong*.

Ned Land voudrait bien le pêcher. En ce moment, le capitaine paraît, voit le dugong et Ned Land. Il comprend l'envie du harponneur et lui permet d'aller chasser l'animal.

Sept hommes de l'équipage arrivent. L'un porte un harpon. On met le canot à la mer. Ned, Conseil et moi, nous nous asseyons à l'arrière. Le canot vient près du dugong. Il est très gros, plus de sept mètres de long, et ne bouge pas. Ned Land lance son harpon et l'animal plonge. Il est blessé, son sang coule, mais il se sauve très vite. Le canot le suit. Quand il arrive près de lui, le dugong plonge et le harponneur ne peut pas l'attraper. Nous le suivons pendant une heure.

Ned Land est très en colère, mais, d'un seul coup, l'animal s'arrête et se jette sous le canot. L'eau entre dedans, nous tombons l'un sur l'autre. Mais le Canadien frappe de toutes ses forces et bientôt l'animal est tué.

On l'attache et on revient vers le *Nautilus*.

Au dîner, on nous sert du dugong. C'est très bon.

Le lendemain 11 février, à neuf heures du soir, je monte sur la plate-forme. Le capitaine Nemo est là.

« Monsieur le Professeur, me dit-il, voulez-vous venir avec moi dans la cabine du pilote ?

– J'en serais heureux, capitaine. »

Je le suis. La cabine est petite et sombre. Quatre petites fenêtres de verre épais permettent de voir dans toutes les directions.

Nous suivons la côte sous la mer. À dix heures le capitaine Nemo prend lui-même la barre[1]. Une large grotte, noire et profonde, s'ouvre devant nous. Le *Nautilus* entre dedans et suit les eaux de la mer Rouge qui courent très vite vers la Méditerranée. À dix heures trente-cinq minutes, le capitaine laisse la barre et me dit : « Nous sommes en Méditerranée. »

Le lendemain 12 février, au lever du jour, le *Nautilus* remonte à la surface de la mer. Je monte sur la plate-forme.

Vers sept heures, Ned et Conseil arrivent.

« Eh bien, monsieur, demande le Canadien, et cette Méditerranée ?

– Nous sommes à sa surface, ami Ned.

– Je ne le crois pas.

– Et vous avez tort, maître Land. Cette côte est la côte d'Égypte. J'étais cette nuit dans la cabine du pilote. Le capitaine conduisait lui-même le sous-marin quand nous avons passé le tunnel.

– Bon. Maintenant parlons de nos affaires. »

Et Ned Land nous explique qu'il ne faut plus attendre pour nous sauver. Nous sommes près de l'Europe. Si le *Nautilus* vient assez près d'une côte,

---

1. La barre : ici, le levier ou la roue qui actionne le gouvernail.

une nuit, il faut quitter le bateau à la nage. Nous prendrons le canot si nous en sommes trop loin.

Je dois dire que discuter de cela avec le Canadien me gêne. Je n'ai pas envie de quitter le *Nautilus* avant d'avoir terminé mon tour du monde sous-marin.

Conseil, à qui nous demandons son avis, répond qu'il fera ce que Monsieur décidera.

Nous discutons un long moment. Nous décidons d'attendre pour nous sauver. Il nous faut réussir du premier coup.

Les jours qui suivent, nous restons sous les eaux. À travers les fenêtres du salon, j'étudie les plantes et les poissons sous-marins. Un soir, le capitaine Nemo est là. Il regarde avec attention les eaux. Pourquoi ?

Tout à coup, au milieu des eaux, un homme paraît. C'est un homme vivant et qui nage. L'homme vient contre la vitre, le capitaine aussi ; il fait un mouvement de la main, l'homme lui répond de la même façon et remonte à la surface.

Je suis étonné. Le capitaine Nemo va vers un meuble. Il en sort des lingots[1] d'or et il les place dans une grande boîte de bois entourée de fer : un coffre. Quatre hommes paraissent et poussent le coffre en dehors de la pièce. Puis le Nautilus plonge sous la mer. Je comprends qu'on a apporté le coffre plein d'or à terre. Pour qui ? Pourquoi ? Je ne le sais pas.

Le lendemain, 16 février, nous repartons vers l'ouest.

*
* *

Je ne vois presque rien des bords de la Méditerranée que nous traversons à grande vitesse. En deux jours

---

1. Un lingot d'or : un gros morceau d'or de forme rectangulaire.

Nautilus fait six cents lieues sous les eaux. Nous partons de la Grèce le matin du 16 février et nous passons le détroit de Gibraltar le 18, au soleil levant. Sans doute, le capitaine Nemo n'aime pas la Méditerranée. Il ne se sent pas libre comme dans les océans. Les terres sont trop près, il y a trop de bateaux entre l'Europe et l'Afrique.

Avec notre vitesse de vingt-cinq milles à l'heure, il est impossible de quitter le *Nautilus* et de se sauver avec le canot. Le navire ne remonte à la surface que pendant la nuit pour changer sa provision d'air. Ned Land n'est pas content.

Je ne vois donc que l'intérieur de cette mer. Conseil et moi nous restons derrière les vitres du salon. Le sous-marin va vite. Nous ne pouvons observer[1] que les poissons qui sont assez rapides pour nous suivre. Pour les autres, nous les voyons passer comme des ombres, ou bien nous ne les voyons pas du tout.

Ceux que je peux observer avec le plus d'attention sont des thons, au dos bleu-noir, au ventre couleur d'argent. Ils suivent les navires pour rester à leur ombre fraîche. Pendant de longues heures, ils nagent à la même vitesse que nous. Je trouve beaux leurs corps faits pour la course, longs quelquefois de plus de trois mètres.

Pendant l'après-midi du 16, nous passons entre la Sicile et la Tunisie. À cet endroit, le fond de la mer remonte presque jusqu'à la surface de l'eau. Le *Nautilus* est obligé d'aller lentement pour ne pas toucher ce mur sous-marin.

Pendant la nuit du 16 au 17 février, nous sommes dans la deuxième partie de la Méditerranée. Là, la

---

1. Observer : regarder avec attention.

profondeur de la mer est de trois mille mètres et le sous-marin descend jusque là.

En cet endroit, beaucoup de bateaux ont fait naufrage. J'aperçois de nombreuses épaves, les unes couvertes par les coraux, les autres moins anciennes.

Le 18 février, vers trois heures du matin, le *Nautilus* arrive devant le détroit de Gibraltar.

*
* *

Sorti du détroit de Gibraltar, le Nautilus prend le large[1]. Il revient à la surface de la mer et nous montons sur la plate-forme.

Il y a un fort vent du sud, la mer est grosse[2]. Il est presque impossible de rester sur la plate-forme. Nous descendons après avoir bien respiré.

Je vais dans ma chambre, Conseil va dans sa cabine. Le Canadien me suit, ferme la porte et me regarde sans rien dire. Il est triste.

« Ami Ned, lui dis-je, je vous comprends, mais il était impossible de nous sauver. »

Ned Land ne répond pas, puis, tout à coup, il me dit :

« C'est pour ce soir, à neuf heures. J'ai prévenu Conseil. »

Je suis si étonné que je ne peux pas répondre. Il ajoute : « Ce soir, nous ne serons qu'à quelques milles de la côte espagnole. À ce moment, le capitaine Nemo sera dans sa cabine. Personne ne peut nous voir. Conseil et moi nous serons dans l'escalier. Vous serez dans la bibliothèque et vous attendrez que je vous appelle. J'ai pu mettre quelques provisions dans le canot. Tout est prêt. À ce soir.

---

1. Prendre le large : aller vers la haute mer.
2. La mer est grosse : la mer est agitée, il y a beaucoup de vagues.

– La mer est mauvaise, dis-je.

– C'est vrai. Mais la liberté vaut qu'on la paye. Le canot est solide et quelques milles ne sont pas une affaire. Demain, nous serons peut-être à cent lieues au large. Donc, à la grâce de Dieu[1] et à ce soir. »

Sur ces mots, le Canadien sort et me laisse.

Je reste dans ma chambre. Triste journée. Je suis partagé entre l'envie de reprendre ma liberté et celle de continuer ce merveilleux voyage.

Mon dîner m'est servi dans ma chambre. Je mange mal.

À sept heures, je vais au salon une dernière fois pour revoir toutes les choses si belles qui y sont.

Puis je vais à ma chambre. Je m'habille chaudement et je vais attendre à la bibliothèque. Un léger choc se fait sentir. Le *Nautilus* repose sur le fond de l'océan.

En ce moment, le capitaine Nemo paraît et me salue. Il s'assoit sur un siège et je prends place près de lui.

Il me raconte alors l'histoire des bateaux espagnols. Ils revenaient d'Amérique chargés d'or. Chassés par des bateaux anglais, ils ont coulé volontairement avec leur or pour ne pas être pris par l'ennemi. C'est juste à cet endroit qu'ils ont fait naufrage. Ils reposent au fond de la mer.

Le capitaine se lève et va près des fenêtres du salon, je le suis. Autour du *Nautilus,* les eaux sont éclairées. Je vois les hommes de l'équipage ramasser l'or et l'apporter au *Nautilus*.

Je comprends alors pourquoi le capitaine Nemo m'a dit un jour : « Je suis l'homme le plus riche du monde. »

---

1. À la grâce de Dieu : comme Dieu voudra.

Les hommes du Nautilus ramassent l'or des épaves espagnoles.

Le lendemain, 19 février, je vois entrer le Canadien dans ma chambre. Il a l'air en colère.

« Eh bien, monsieur ? me dit-il.

– Eh bien, Ned, le hasard s'est mis contre nous hier.

– Oui, le capitaine a arrêté son bateau juste au moment où nous allions nous sauver. »

Je raconte au Canadien ce que j'ai vu hier soir, les hommes en train d'apporter l'or du bateau.

« Enfin, dit-il, tout n'est pas fini. Une autre fois, nous réussirons et peut-être ce soir. »

Mais la route du *Nautilus* est sud-sud-ouest. Nous tournons le dos à l'Europe. À midi, le navire remonte à la surface de la mer pour faire le point. Je cours vite sur la plate-forme. Ned Land y est déjà.

Plus de terre en vue. Rien que la mer. Le temps est couvert et la mer mauvaise. Il ne faut pas espérer quitter le sous-marin. Ned Land est dans une grande colère. Pour moi, je me sens heureux et je reprends mes travaux avec calme.

Le soir, vers onze heures, le capitaine Nemo vient me voir et me dit :

« Vous n'avez-vu les fonds sous-marins que le jour, voulez-vous les voir par une nuit profonde ?

– Je veux bien.

– Cette promenade va vous fatiguer. Il faut marcher longtemps et monter sur une montagne. Les chemins sont mauvais.

– Je suis prêt à vous suivre. »

Nous prenons nos scaphandres et nous partons seuls tous les deux. Nous ne prenons pas de lampes électriques et je m'en étonne.

« Nous n'en avons pas besoin », dit le capitaine.

Il est minuit, les eaux sont très sombres, mais le capitaine Nemo me montre au loin une lumière à deux milles à peu près du *Nautilus*. Nous marchons vers elle.

À une heure du matin, nous arrivons au pied d'une montagne ; la lumière est derrière la montagne. Nous montons en traversant un bois, avec des arbres très grands, morts depuis longtemps. Quelques-uns sont cassés, tous sont devenus durs comme la pierre.

Enfin, trois heures après avoir quitté le *Nautilus,* nous arrivons en haut de la montagne et je comprends quelle est la lumière. Cette montagne est un volcan[1] et éclaire toute la plaine sous-marine. Et là, qu'est-ce que je vois : les ruines[2] d'une ville, des rues, des maions, des quais. Où suis-je ? Le capitaine s'avance et avec une pierre écrit sur un rocher : « ATLANTIDE[3] ».

Je comprends alors. Pendant une heure nous restons là à regarder le volcan, la plaine et la ville, puis nous descendons rapidement la montagne et nous marchons vers le *Nautilus.* Nous arrivons vers lui au petit matin.

Le lendemain, je me réveille tard. Fatigué de ma promenade, je dors jusqu'à onze heures. Je m'habille et je vais au salon. Nous allons vers le sud.

Conseil entre. Je lui raconte notre promenade. Par les panneaux ouverts nous voyons une partie de la ville noyée. Le *Nautilus* semble voler à quelques mètres au-dessus du sol, il monte, il descend.

Vers quatre heures, l'horizon marin est fermé par un haut mur. Ce doit être une île.

La nuit vient, je reste derrière ma vitre, continuant à regarder. Puis les panneaux se ferment. Je vais à ma chambre et je m'endors.

Quand je reviens au salon, il est huit heures du matin. Le *Nautilus* ne bouge pas. Je monte sur la plate-forme, mais à la place du grand jour, il fait noir.

Le capitaine Nemo est là.

« Où sommes-nous ? dis-je.

---

1. Un volcan : montagne d'où peut sortir du feu et de la fumée.
2. Des ruines : ce qui reste quand les maisons sont détruites.
3. Atlantide : île de l'Atlantique qui aurait été recouverte par les eaux. Elle n'a sans doute jamais existé, mais elle a inspiré de nombreux écrivains.

– Sous terre, monsieur le Professeur.

– Mais le *Nautilus* flotte[1] ! »

En ce moment la lampe s'allume. Nous sommes sur un lac entouré de hauts murs de rochers. C'est l'intérieur d'un volcan éteint depuis longtemps. Pendant la nuit, le navire est entré là par un tunnel sous-marin. Très haut, on voit un peu de ciel par la cheminée du volcan. Le capitaine m'explique. Il vient chercher là ce qui est nécessaire pour produire l'électricité du *Nautilus,* surtout du charbon. Il me dit de descendre à terre avec mes compagnons.

Avec Conseil et Ned nous descendons sur le bord du lac, fait de sable fin. Nous montons sur les rochers qui l'entourent et s'élèvent vers la cheminée. En marchant nous nous apercevons que quelques plantes et des arbres ont réussi à pousser dans les rochers. Ned Land trouve même une ruche[2] et fait une provision de miel. Plus haut, il y a des oiseaux. Avec des pierres, Ned Land réussit à en tuer un qu'il emporte aussi. Puis nous descendons vers le bord du lac et nous montons à bord.

Les hommes d'équipage ont fini leur travail. Mais nous ne bougeons pas. Peut-être le capitaine Nemo attend-il la nuit pour sortir secrètement par le tunnel sous-marin ? Le lendemain, le *Nautilus,* ayant quitté le lac, navigue au large de toute terre.

*
* *

Nous allons toujours droit au sud. Pour le moment, il ne faut plus espérer se sauver. Où nous emmène le capitaine ?

---

1. Flotter : rester à la surface de l'eau. Être porté par l'eau.
2. Une ruche : maison des abeilles, insectes qui fabriquent le miel.

Ce jour-là, nous traversons la mer des Sargasses. C'est une sorte de lac tranquille au milieu de l'Atlantique. Un courant chaud l'entoure : le Gulf Stream. Cette mer des Sargasses est couverte de plantes marines, d'herbes et de bois venus des côtes d'Europe ou d'Amérique. Il y a aussi des épaves de bateaux qui se groupent dans ce lieu calme.

Pour que l'hélice n'accroche pas ces herbes, le *Nautilus* se tient à quelques mètres au-dessous de la surface de la mer.

Toute cette journée du 22 février se passe dans la mer des Sargasses.

Le lendemain, l'océan est comme d'habitude.

Depuis ce moment, pendant dix-neuf jours, du 23 février au 12 mars, le *Nautilus,* au milieu de l'Atlantique, nous emporte à une vitesse de cent lieues par vingt-quatre heures.

Pendant ces dix-neuf jours, rien ne se passe. Je vois peu le capitaine. Il travaille. Dans la bibliothèque, je trouve souvent des livres qu'il laisse ouverts. Quelquefois, j'entends son orgue[1], mais la nuit seulement. Il en joue très bien.

Pendant cette partie du voyage, nous naviguons des journées entières à la surface des eaux. La mer est vide. Pas de terres et peu de bateaux. Un jour, nous sommes suivis par les canots d'un bateau baleinier qui croit que nous sommes une énorme baleine. Nous plongeons rapidement sous les eaux.

Conseil et moi, nous étudions les poissons par les vitres du salon : des requins, des chiens de mer et des poissons volants que les dauphins* attrapent au vol.

Jusqu'au 13 mars, nous naviguons ainsi. Depuis

---

1. Un orgue : un instrument de musique dont on joue surtout dans les églises.

notre départ dans les mers du Pacifique, nous avons fait treize mille lieues.

Ce jour-là, le capitaine Nemo décide de faire descendre son bateau jusqu'au fond de la mer. Peu à peu, nous ne voyons plus ni plantes ni poissons.

Au bout d'une heure, nous sommes à six mille mètres de profondeur. Les eaux sont très claires et vides. Une heure plus tard, nous arrivons à treize mille mètres. Le *Nautilus* descend encore. À seize mille mètres, nous photographions les fonds sous-marins, puis le capitaine dit :

« Remontons. Il ne faut pas laisser le *Nautilus* longtemps sous des pressions aussi fortes. »

Le sous-marin remonte avec une rapidité très grande. En quatre minutes, nous sommes revenus à la surface de l'océan.

Pendant la nuit du 13 au 14 mars, le Nautilus reprend sa direction vers le sud. Je pense que, vers le cap Horn, il prendra la direction ouest pour retrouver les mers du Pacifique et finir son tour du monde. Il n'en fait rien et continue vers le pôle* Sud. Où le capitaine Nemo veut-il aller ?

Depuis quelques temps, Ned Land ne parle plus de se sauver. Il reste en silence. Il est triste. La colère monte en lui.

Ce jour-là, Conseil et lui viennent me trouver dans ma cabine.

Le Canadien me dit :

« À votre avis, combien y a-t-il d'hommes à bord du *Nautilus* ?

– Je ne sais pas, mon ami.

– Pour manœuvrer, il n'a pas besoin d'un nombreux équipage.

– Une dizaine d'hommes au plus.

– C'est encore trop pour trois hommes ! dit Conseil.

– Donc, mon pauvre Ned, je ne peux que vous demander d'attendre. Le capitaine Nemo ne peut pas aller toujours au sud. Il faudra bien qu'il s'arrête devant la banquise* et qu'il revienne vers les mers connues. Alors, nous verrons. »

Le Canadien part sans répondre.

La vie du bord doit paraître très dure à Ned Land habitué à une vie libre au grand air.

Vers onze heures du matin, étant à la surface de l'eau, le *Nautilus* tombe au milieu d'un groupe de baleines.

Nous sommes assis sur la plate-forme par une mer tranquille. Il fait beau. C'est le Canadien qui aperçoit le premier une baleine à l'horizon de l'est à cinq milles du *Nautilus*. Peu à peu, la baleine vient plus près de nous avec d'autres. Ned Land a envie de la tuer, mais il ne peut rien faire.

Il descend vite et revient avec le capitaine Nemo.

« Monsieur, demande Ned Land, est-ce que je peux la chasser ?

– À quoi bon chasser seulement pour tuer ? Nous ne pouvons rien faire de cet animal à bord. Le dugong, c'était pour donner de la viande fraîche à mon équipage. Ici, ce serait tuer pour le plaisir de tuer. »

Ned Land ne comprend pas parce que c'est un chasseur, mais le capitaine Nemo a raison. Il ajoute :

« Voyez-vous ces points noirs qui bougent et viennent vers nous, ce sont des cachalots*. Ces terribles animaux chassent les baleines et les tuent.

– Alors, dit le Canadien, pour sauver les baleines, il faut chasser les cachalots.

– Le *Nautilus* va le faire mieux que le harpon de maître Land. »

Le sous-marin plonge et se jette sur le groupe de cachalots. À gauche, à droite, il frappe et frappe, coupe en deux les animaux, les écrase. La mer est rouge de sang. Les derniers cachalots se sauvent. Nous avons gagné, mais Ned Land est de plus en plus en colère.

*
* *

Le *Nautilus* reprend sa route vers le sud. Veut-il aller au pôle ? Le 14 mars j'aperçois des glaces flottant sur la mer. Peu à peu, ces morceaux de glace deviennent plus gros et plus nombreux. Des oiseaux se posent dessus par milliers.

Pendant ce voyage au milieu des glaces, le capitaine Nemo se tient souvent sur la plate-forme. Il observe la route sans parler et il trouve toujours un passage pour son bateau.

La température est basse, mais nous sommes chaudement habillés.

Le 16 mars, vers huit heures du matin, le *Nautilus* coupe le cercle* polaire. Les glaces nous entourent, mais le capitaine lance contre elles son sous-marin et nous passons encore. Enfin, le 18 mars, après avoir essayé vingt fois de casser la glace épaisse, nous nous arrêtons.

« La banquise ! me dit Ned Land, personne ne peut la traverser.

– Je voudrais bien savoir ce qu'il y a derrière ce mur.

– De la glace et toujours de la glace.

– Ce n'est pas certain, Ned. Je crois que, derrière la banquise, il y a la mer libre. Voilà pourquoi je voudrais aller voir.

– Eh bien, monsieur, il faut laisser cette idée. »

Vers deux heures du soir, je suis sur la plate-forme. Le capitaine arrive et me dit :

« Eh bien ! monsieur le Professeur, qu'en pensez-vous ?

– Je pense que nous sommes pris, capitaine, et que le *Nautilus* ne pourra pas partir d'ici.

– Le *Nautilus* ira plus loin au sud, il ira au pôle.

– Et comment ? Nous ne pouvons passer par-dessus la banquise !

– Quand on ne peut pas passer par-dessus, on passe par-dessous. Pour cela, il faudra peut-être rester plusieurs jours sans revenir à la surface pour changer notre air. Nous ferons provision d'air sous pression. »

Une dizaine d'hommes, armés de pioches, cassent la glace autour du bateau. Nous entrons à l'intérieur, on ferme les panneaux de la plate-forme et le *Nautilus* plonge.

Je prends place au salon avec Conseil et nous regardons par les fenêtres. Le *Nautilus* descend jusqu'à huit cents mètres et prend le chemin du pôle, sous la banquise, à une vitesse de vingt-six milles à l'heure.

Le 19 mars, à cinq heures du matin, le *Nautilus* remonte vers la surface. Mais un choc me fait comprendre qu'il a touché le dessous de la banquise.

Pendant cette journée, nous essayons plusieurs fois de percer la glace sans réussir. Je dors mal cette nuit-là.

Enfin, à six heures du matin, la porte du salon s'ouvre, le capitaine Nemo paraît.

« La mer est libre ! » me dit-il.

Je monte sur la plate-forme. Oui, la mer est libre. Quelques morceaux de glace et un monde d'oiseaux dans l'air. Je demande :

« Sommes-nous au pôle ?

– Je ne sais pas, répond le capitaine. À midi, nous ferons le point. »

À dix milles du *Nautilus,* vers le sud, une petite île s'élève. Nous marchons vers elle et nous en faisons le tour. Puis le canot nous emmène, le capitaine Nemo, deux hommes, Conseil et moi. Ned Land ne se montre pas.

Le sol est volcanique. Il y a très peu de plantes. Mais dans les airs des milliers d'oiseaux volent. Conseil en tue quelques-uns pour notre repas.

Le brouillard ne se lève pas. Impossible de faire le point.

« À demain », dit le capitaine, et nous retournons au *Nautilus.*

La neige tombe jusqu'au lendemain 20 mars. Puis elle s'arrête. Je descends à terre avec Conseil. Il est huit heures du matin.

La terre et la glace sont couvertes d'animaux marins : des phoques et des morses.

Nous nous promenons jusqu'à onze heures et demie et revenons vers le sous-marin. Le capitaine Nemo est là. Midi arrive, mais, comme la veille, le soleil reste caché.

Le capitaine retourne à bord. Conseil et moi restons jusqu'à cinq heures, observant et étudiant. Je rapporte un très bel œuf de pingouin* que je place au salon du *Nautilus.*

Le lendemain, dès cinq heures du matin, je monte sur la plate-forme. Le capitaine Nemo y est déjà.

« Le temps se lève, me dit-il. Après déjeuner, nous irons à terre. »

Pendant la nuit, le *Nautilus* est allé encore plus au sud. À neuf heures, nous sommes à terre. Le ciel devient plus clair. Nous allons vers une montagne et nous montons jusqu'en haut.

Il nous faut deux heures pour arriver là.

À midi, le soleil est juste sur l'horizon. Nous sommes au pôle Sud.

Alors, le capitaine Nemo plante dans le sol un grand drapeau noir portant un N d'or, et dit :

« Adieu, soleil ! Couche-toi sous cette mer libre, et laisse une nuit de six mois étendre ses ombres sur mon nouveau domaine. »

*

* *

Le lendemain 22 mars, à six heures du matin, nous partons. Le froid est piquant. La mer se change en glace. Le *Nautilus* plonge. À mille pieds de profondeur, il s'arrête et avance droit au nord. Vers le soir, il flotte sous la banquise.

Les panneaux du salon sont fermés.

Dans la nuit, à trois heures du matin, je suis réveillé par un choc très fort. Je tombe au milieu de la chambre. Le *Nautilus* est arrêté et penche sur tribord. Je vais au salon.

J'entends des bruits de pas, des voix, mais le capitaine Nemo ne paraît pas.

Ned Land et Conseil entrent.

« Qu'y a-t-il ? leur dis-je.

– Nous ne savons pas.

– Il faut demander au capitaine. »

Nous quittons le salon. Nous ne trouvons pas le capitaine Nemo et nous revenons au salon.

Vingt minutes après, il entre. Il ne semble pas nous voir. Il observe les appareils.

Quand il se tourne vers nous, je lui demande :

« Que se passe-t-il, capitaine ?

– Le *Nautilus* s'est échoué[1].

– Est-ce dangereux ?

– Peut-être. C'est une montagne de glace qui s'est retournée et nous a frappés. Elle a passé au-dessous de nous et nous sommes maintenant posés sur elle.

– Que faire ?

– Vider les réservoirs pour que le bateau remonte. C'est ce qu'on fait en ce moment. »

En effet, peu à peu le plancher du salon devient horizontal.

Le *Nautilus* reprend sa marche en avant le plus vite possible.

Mais à cinq heures du matin, un nouveau choc se produit à l'avant. Le tunnel sous-marin est fermé.

Il faut revenir en arrière. Quelques heures passent. Nous restons tous les trois ensemble.

À huit heures, encore un choc, à l'arrière cette fois. À ce moment, le capitaine entre dans le salon.

« Messieurs, dit-il, la route est fermée de tous les côtés. »

*
* *

Ainsi, autour du *Nautilus,* au-dessus comme au-dessous, il y a un mur de glace qu'on ne peut pas traverser. Nous sommes prisonniers de la banquise. Le capitaine dit :

« Maintenant, il y a deux manières de mourir : écrasés ou asphyxiés[2]. Nous n'avons que deux jours d'air.

---

1. S'échouer : pour un bateau, toucher le fond et ne plus pouvoir bouger.
2. Être asphyxié : ne plus avoir assez d'air pour respirer.

– Il faut donc sortir d'ici avant quarante-huit heures.

– Nous essaierons en creusant le mur qui nous entoure.

– De quel côté ?

– Nous allons le voir. »

Le *Nautilus* remplit ses réservoirs et s'échoue sur le fond de glace à trois cents cinquante mètres de profondeur.

Quelques hommes du sous-marin prennent leur scaphandre, Ned Land aussi. Ils vont sur le banc de glace avec le capitaine. Après avoir mesuré, on s'aperçoit que la partie sous le bateau mesure seulement dix mètres d'épaisseur. Il faut donc couper un énorme morceau de glace grand comme le *Nautilus* pour arriver à l'eau libre au-dessous.

Le travail commence. Après deux heures, les premiers travailleurs reviennent pour se reposer et nous les remplaçons. En douze heures, nous avons enlevé seulement un mètre de glace. Il faudra donc cinq nuits et quatre jours pour arriver à l'eau !

Malheureusement, l'air du *Nautilus* devient de plus en plus difficile à respirer.

Le travail avance, mais un autre danger se présente. Peu à peu, l'eau de mer où nous sommes devient solide. Les murs de glace arrivent maintenant très près du *Nautilus*. Nous risquons d'être écrasés. Que faire ?

Nous sommes le 26. Depuis cinq jours, l'air du sous-marin n'a pas été changé. Ce qui reste d'air respirable il faut le garder pour les travailleurs.

Le capitaine Nemo a une idée : l'eau bouillante.

Vite, on installe les appareils. De l'eau est chauffée par l'électricité et on l'envoie dans l'eau qui nous entoure. La température remonte un peu. Le travail continue, mais à l'intérieur du sous-marin il devient de plus en plus difficile de respirer. Quand il ne reste qu'un mètre d'épaisseur de glace, tout le monde rentre à bord. Le *Nautilus* se place dans le grand trou creusé pour lui. On remplit les réservoirs. Le bateau, en devenant plus lourd, casse la glace qui reste.

Nous sommes de nouveau sous la banquise. À grande vitesse nous marchons vers le nord. Quand l'épaisseur de la banquise devient assez faible, le *Nautilus* se jette contre la glace. Il la casse et sort à l'air libre. Enfin, nous sommes sauvés !

*
* *

Comment suis-je venu sur la plate-forme ? Je ne peux pas le dire. Peut-être le Canadien m'a-t-il apporté là. Je respire à pleine poitrine le bon air de la mer. Conseil et Ned Land sont avec moi, mais aucun homme de l'équipage.

Je remercie mes deux compagnons.

« Maintenant, dit le Canadien, il nous reste à savoir si nous allons vers le Pacifique ou vers l'Atlantique. »

Le 31 mars, à 7 heures du soir, nous sommes près du cap Horn et nous nous dirigeons vers l'Atlantique.

« Bonne nouvelle, dit Ned Land, mais où va le *Nautilus* ?

– Je ne sais pas, Ned.

– Son capitaine veut-il, après le pôle Sud, aller au pôle Nord ?

– C'est possible, dit Conseil.

– Alors, nous le quitterons avant. »

Pendant plusieurs jours, nous suivons la côte est de l'Amérique du Sud. Nous passons près des îles

Falkland, de la Patagonie. Le 4 avril, nous coupons le tropique* du Capricorne.

Nous marchons très vite le long de la côte du Brésil. Le 9 avril, nous quittons la côte pour aller chercher les grandes profondeurs.

Nous y restons pendant deux jours. Le 11 avril, le sous-marin remonte et nous voyons la terre près de l'Amazone.

À vingt milles dans l'ouest, il y a la Guyane, une terre française, mais le vent souffle très fort et la mer est mauvaise. Impossible de se sauver en canot. Ned Land le comprend et ne dit rien.

Le 11 et le 12 avril, le *Nautilus* ne quitte pas la surface de la mer. J'étudie les plantes et les poissons que les filets ramènent. Conseil veut attraper l'un d'eux qui va retomber à l'eau. Dès qu'il le tient, il tombe en criant. C'est un poisson-torpille. Pour se défendre, il a lancé son électricité. Nous relevons le pauvre garçon et nous lui frottons les bras.

Le lendemain, pendant la journée, le *Nautilus* vient plus près de la côte. Les hommes de l'équipage chassent des lamentins* et pêchent des tortues*.

La pêche et la chasse finies, à la nuit, nous repartons vers la haute mer.

*
* *

Pendant quelques jours, le *Nautilus* reste au large de la côte américaine. Trop d'îles et trop de bateaux pour le capitaine Nemo.

Le 16 avril, nous voyons la Guadeloupe et la Martinique, elles sont à trente milles. C'est trop loin pour prendre le canot et nous sauver.

Le Canadien, Conseil et moi nous parlons de notre départ. Nous sommes à bord du *Nautilus* depuis six mois. Nous avons fait dix-sept mille lieues et nous allons continuer. Ned Land dit :

« Il faut demander au capitaine s'il veut nous garder à bord pour toujours. »

Je ne suis pas d'accord. Si nous lui demandons cela, il va comprendre que nous espérons nous sauver et il fera attention. Depuis quelques temps, il devient triste, sombre, et il ne vient plus au salon pour parler avec moi.

J'observe, par les vitres du salon, les plantes et les animaux sous-marins. Nous parlons avec mes deux compagnons des poulpes géants[1]. Beaucoup d'histoires de marins parlent de ces monstres longs d'un mille, grands comme une île. Ils sont si énormes qu'ils ne peuvent pas passer par le détroit de Gibraltar !

Ned Land se moque de ces histoires. Conseil regarde alors par la vitre. Il nous dit de venir voir.

Nous allons vers lui et nous reculons. Nous avons peur. De l'autre côté de la fenêtre, heureusement solide, un énorme animal vient vers nous. C'est un poulpe géant. Il a huit mètres de long. Huit bras placés sur sa tête et longs de quinze ou seize mètres remuent en tous sens. Deux yeux énormes nous regardent. Une bouche qui ressemble à un bec de perroquet s'ouvre et se ferme. Ma peur passée, j'observe cet animal peu connu et je le dessine. Le *Nautilus* s'arrête.

Le capitaine, suivi de son second, entre dans le salon et dit :

« L'hélice est arrêtée par un de ces animaux. Nous allons remonter à la surface et nous battre contre eux à la hache.

– Et au harpon, monsieur, dit le Canadien.

---

1. Géant : très grand.

C'est un poulpe géant...

– Si vous voulez, maître Land. »

Nous allons vers l'escalier. Une dizaine d'hommes armés de haches attendent. Le panneau est ouvert. Aussitôt les bras des poulpes passent par là. D'un coup de hache, le capitaine Nemo en coupe un, mais un autre bras saisit un marin et l'emporte.

Nous montons vite sur la plate-forme. Le malheureux marin crie : « À moi ! À moi ! » C'est donc un Français ! Nous ne pouvons pas le sauver. Il est emporté à la mer.

Pendant un quart d'heure, nous frappons de toutes nos forces sur les dix ou douze poulpes qui essaient de monter sur la plate-forme. Ned Land est jeté par terre. Le capitaine plonge sa hache dans la gueule[1] du monstre et sauve le Canadien. Enfin, les monstres s'en vont. Le capitaine Nemo, rouge de sang, debout, regarde la mer. Il pleure son compagnon perdu.

*
* *

Ce qui s'est passé le 20 avril, aucun de nous ne pourra jamais l'oublier. J'ai dit que le capitaine pleurait en regardant la mer. C'est le deuxième compagnon qu'il perd depuis notre arrivée à bord. Et ce dernier n'est pas enterré avec ses compagnons dans le cimetière de corail. Pendant dix jours, le *Nautilus* va, vient, sans savoir où il va. Il navigue au hasard.

C'est le 1er mai seulement que le sous-marin reprend sa route au nord. Nous suivons alors le plus grand courant marin du monde : le Gulf Stream[2].

La côte de l'Amérique n'est pas très loin. De nombreux bateaux passent. C'est le moment de quitter le *Nautilus,* mais le temps est très mauvais. Le Canadien comprend que c'est impossible. Mais il reste en colère.

« Monsieur, me dit-il, il faut nous sauver. Votre Nemo remonte vers le nord. J'ai assez du pôle Sud,

---

1. La gueule : la bouche d'un animal.
2. Gulf Stream : courant marin chaud de l'Atlantique.

je ne le suivrai pas au pôle Nord.

– Que faire, Ned ?

– Il faut lui parler.

– Vous voulez que je demande au capitaine ce qu'il veut faire de nous ?

– Oui, monsieur.

– Mais, je ne le vois plus. Il ne vient plus au salon.

– Alors il faut aller le voir.

– Demain, je lui demanderai...

– Non, monsieur, aujourd'hui, ou je vais le trouver moi-même.

– Bien, je le verrai aujourd'hui. »

Je rentre dans ma chambre. J'entends marcher dans celle du capitaine. Je frappe à sa porte ; pas de réponse. J'entre.

Le capitaine est là. Il ne m'a pas entendu. Il travaille. Je viens près de lui. Il lève la tête et me dit :

« Vous ici ! Que me voulez-vous ?

– Vous parler, capitaine.

– Je vous écoute.

– Mes compagnons et moi voulons reprendre notre liberté.

– Monsieur Aronnax, je vous réponds aujourd'hui ce que je vous ai répondu, il y a sept mois : celui qui entre dans le *Nautilus* ne doit plus en sortir. »

Je m'en vais et je dis à mes deux compagnons ce qu'a répondu le capitaine.

« Nous savons maintenant, dit Ned, ce que cet homme veut. Nous nous sauverons quand nous pourrons. »

Nous repartons vers le nord-est, tantôt à la surface de la mer, tantôt au-dessous, au milieu de ces brouillards si terribles pour les navires. Beaucoup de bateaux ont fait naufrage dans cette partie de l'océan !

Le fond de la mer est couvert d'épaves, vieilles ou jeunes. Le *Nautilus* passe près d'elles.

Le 15 mai, nous sommes au sud du banc de Terre-Neuve. Là, la mer n'est pas très profonde. Les poissons y sont très nombreux, surtout les morues, pêchées par millions par les Français, les Anglais, les Américains, les Danois et les Norvégiens. Le sous-marin doit naviguer adroitement entre les lignes jetées par tous les bateaux.

Puis nous repartons vers l'est. Le 17 mai, par deux mille huit cents mètres de profondeur, j'aperçois le câble télégraphique[1] posé pour envoyer des télégrammes[2] entre l'Europe et l'Amérique. Il a plus de trois mille kilomètres de long. Poser ce câble au fond de la mer n'a pas été facile. Il s'est cassé plusieurs fois, en 1858, en 1863. Ce n'est qu'en 1868 que l'opération réussit.

Le 28 mai, nous sommes à cent cinquante kilomètres de l'Irlande, nous revenons vers le sud. Le capitaine Nemo va-t-il faire passer son bateau dans la Manche ? Elle est peu profonde et beaucoup de bateaux y naviguent. Je ne peux pas le lui demander, je ne le vois plus.

Le 31 mai, le *Nautilus* tourne en rond sur la mer. Il semble chercher un endroit difficile à trouver. À midi, le capitaine fait le point lui-même. Il me paraît plus triste que d'habitude.

Le 1er juin, même chose. À midi, après avoir pris la hauteur du soleil, le capitaine Nemo dit :

« C'est ici ! »

Nous descendons au salon et nous plongeons.

---

1. Un câble télégraphique : une très longue corde de métal posée au fond de la mer entre l'Europe et l'Amérique pour faire passer les télégrammes.
2. Un télégramme : message transmis par le télégraphe.

Quelques minutes après, le sous-marin s'échoue sur le fond.

Les panneaux des fenêtres s'ouvrent. À bâbord, rien. À tribord, je vois quelque chose. C'est l'épave d'un navire, couverte de plantes et de coquillages marins.

Quel est ce bateau ? Pourquoi le *Nautilus* vient-il le voir ?

Le capitaine, près de moi, m'explique.

« Il y a soixante-quatorze ans, jour pour jour, à cette place même, ce bateau s'est battu avec courage contre les bateaux anglais. Ensuite, il a préféré couler avec ses trois cent cinquante-six marins plutôt que de se rendre à l'ennemi[1], en criant : Vive la République !

– Le *Vengeur*[2] !

– Oui, monsieur ! Le *Vengeur* ! Un beau nom », dit le capitaine Nemo.

*
* *

Je suis étonné. Mon regard ne quitte pas le capitaine. Pourquoi venir voir ce bateau ? Pourquoi ce nom ? De quoi cet homme veut-il se venger, et contre qui ?

Le *Nautilus* remonte à la surface. En ce moment, j'entends un coup de canon. Je regarde le capitaine. Il ne bouge pas et ne dit rien.

Je le quitte et monte sur la plate-forme. Ned et Conseil sont déjà là. À six milles de nous, il y a un navire. C'est lui qui tire.

« Quel est ce bateau, Ned ?

– C'est un navire de guerre.

---

1. Se rendre à l'ennemi : dire à l'ennemi qu'il est le plus fort, se soumettre.
2. Le Vengeur : c'est le nom du bateau. Se venger : rendre le mal qui nous a été fait.

– De quel pays ?

– Je ne peux pas le reconnaître. Il n'a pas de drapeau. Mais si ce bateau vient à un mille de nous, je me jette à la mer, faites comme moi. »

Le bateau continue de tirer sur nous au canon. Ned Land prend son mouchoir et lève le bras, mais une forte main le prend à l'épaule et le couche sur le pont. C'est le capitaine Nemo, fou de colère, terrible à voir et à entendre.

« Descendez, dit-il, descendez tous les trois.

– Monsieur, dis-je, qu'allez-vous faire ?

– Je vais couler ce bateau.

– Vous ne ferez pas cela !

– Je le ferai. Rentrez. »

Le Canadien, Conseil et moi, nous sommes obligés d'obéir.

Je vais à ma chambre. Le capitaine et son second restent sur la plate-forme. Le *Nautilus* commence à se sauver, suivi par le navire qui tire toujours.

Vers quatre heures, je remonte sur le pont. Le capitaine est toujours là. Je veux lui parler. Mais il me dit :

« Non, monsieur. Je suis la justice. À cause d'eux, j'ai perdu tout ce que j'aimais : pays, femme, enfants, mon père, ma mère. J'ai vu tout mourir. Je dois me venger. Taisez-vous ! »

Je retourne près de mes compagnons :

« Il faut nous sauver, dis-je.

– C'est mon avis, dit Ned Land, attendons la nuit. »

Mais la nuit passe. À cinq heures du matin, les coups de canon sont plus forts, le navire de guerre vient plus près. C'est le moment.

Mais, au moment où nous ouvrons la porte, le panneau se ferme et nous plongeons. Trop tard.

Nous restons à quelques mètres sous la mer. Puis le *Nautilus* recule, s'arrête, et se jette à toute vitesse contre le bas de la coque du navire. Sa force est si grande qu'il la traverse.

Une énorme chose fait naufrage sous les eaux, la mer entre à l'intérieur et la fait couler. Le *Nautilus* descend avec elle. Nous regardons, sans voix, tellement le spectacle est terrible.

Quand tout est fini, le capitaine Nemo rentre dans sa cabine. Il se met à genoux devant les images d'une femme et de deux enfants et il se met à pleurer.

Les panneaux se referment, mais la lumière n'est pas allumée au salon. À l'intérieur du *Nautilus,* tout est nuit et silence. Il quitte ce lieu avec une grande rapidité. Où va-t-il ? Au nord ou au sud ? Où se sauve cet homme après sa terrible vengeance ?

Je vais dans ma chambre où sont Ned et Conseil, silencieux.

Le capitaine Nemo nous fait peur. Cet homme doit être très malheureux, mais il n'a pas le droit de punir ainsi.

À onze heures, la lumière revient. Je passe dans le salon. Personne. Le *Nautilus* court vers le nord, vers les mers du pôle.

Depuis ce jour, je ne peux pas dire où nous emmène le *Nautilus,* toujours à grande vitesse, toujours au milieu des brouillards. Les aiguilles sont arrêtées aux montres du bord. Nous sommes presque toujours sous les eaux. Personne ne fait plus le point. Nous ne voyons ni le capitaine Nemo, ni son second, ni un homme d'équipage. Le Canadien est comme fou de colère. Il ne parle plus, Conseil ne le quitte pas, de peur qu'il se tue.

Un matin, quand je me réveille, je vois Ned Land près de mon lit, il me dit à voix basse :

« Nous allons nous sauver la nuit prochaine, à dix heures. J'ai pu mettre quelques provisions dans le canot. La mer est mauvaise, le vent très fort, tant pis, nous ne pouvons plus rester dans ce bateau.

– Vous avez raison, Ned, je suis prêt à vous suivre. »

Cette dernière journée est longue. Je reste seul.

À six heures, je dîne, mais je n'ai pas faim. Je me force à manger pour garder toutes mes forces.

Je vais au salon jeter un dernier regard sur toutes les merveilles réunies là. Puis je reviens à ma chambre.

Je m'habille avec de solides vêtements de mer.

À neuf heures et demie, j'entends de la musique. C'est le capitaine qui joue quelque chose de très triste. Il est donc au salon et je dois traverser celui-ci pour aller au canot.

Je quitte ma chambre. Le salon est sans lumière, je le traverse sans bruit. Le capitaine est là, mais il ne me voit pas, perdu dans ses pensées. J'entends ces paroles, les dernières du capitaine Nemo :

« O mon Dieu ! Assez ! Assez ! »

Je cours vite au canot. Ned Land et Conseil y sont déjà. Ned commence à enlever les parties qui l'attachent à la coque.

Nous entendons du bruit, des voix qui crient :

« Maelström ! Maelström* ! »

Que faire ? C'est le plus terrible danger de la mer. Il faut attendre. À ce moment, le canot est arraché à la coque et jeté comme une pierre par la force énorme de la mer.

Ma tête frappe une pièce de fer, je perds connaissance[1].

*
* *

---

1. Perdre connaissance : s'évanouir, être comme mort, ne plus voir, ne plus entendre, ne plus rien sentir.

Voici la fin de ce voyage sous les mers. Ce qui s'est passé pendant la nuit, comment le canot s'est sauvé du Maelström, je ne peux pas le dire. Quand je reviens à moi, je suis couché dans une pauvre maison d'un pêcheur des îles Lofoten. Mes compagnons sont près de moi. Nous nous embrassons, heureux d'être sauvés.

Il faut attendre le prochain bateau pour rentrer en France. Je relis tout ce que j'ai écrit. J'ai tout raconté. Je peux parler de ces mers où, en dix mois, j'ai fait vingt mille lieues.

Qu'est devenu le *Nautilus* ? S'est-il sauvé du Maelström ? Le capitaine Nemo vit-il toujours ?

S'il est vivant, qu'il oublie sa vengeance et reste seulement le grand savant, le grand ingénieur qu'il est. Je l'espère de tout mon cœur.

Mots et expressions

Mer, monde et océans

Banquise, *f.* : épaisse et immense couche de glace qui couvre la mer aux pôles.

Cap, *m.* : une pointe de terre qui s'avance dans la mer.

Cercle polaire, *m.* : sur les cartes, une ligne imaginaire tracée autour des pôles.

Côte, *f.* : le bord de la mer.

Courant, *m.* : mouvement qui entraîne de grandes masses d'eau, chaudes ou froides, à l'intérieur ou à la surface des océans.

Détroit, *m.* : bras de mer entre deux terres.

L'équateur, *m.* : ligne imaginaire qui fait le tour de la terre et la sépare en deux parties égales.

Les grands fonds : les endroits qui se trouvent le plus bas sous la mer.

Un golfe : un endroit où la mer avance loin à l'intérieur des terres. Le golfe Persique sépare l'Arabie de l'Iran.

Horizon, *m.* : la ligne où la mer (ou la terre) semble toucher le ciel.

Le Maelström : un courant très dangereux dans la mer du Nord.

Marée, *f.* : mouvement de la mer qui monte et descend deux fois par jour.

Le pôle (Nord et Sud) : les deux points qui sont le plus au nord et le plus au sud de la terre.

Les tropiques (du Cancer et du Capricorne) : deux lignes imaginaires sur la carte à égale distance de l'équateur, l'un un peu au-dessus, l'autre un peu au-dessous.

Unités et instruments de mesure

Baromètre, *m.* : un appareil qui donne la pression et qui indique s'il va faire beau ou mauvais dans les jours à venir.

Boussole, *f.* : un appareil qui montre où se trouve le nord.

Lieue, *f.* : sur mer 5 km environ, sur terre 4 km environ.

Lunette, *f.* : appareil qui permet de voir très loin.

Mille (marin), *m.* : 1 852 m.

Pied, *m.* : 30 cm environ.

Le point (faire) : calculer, avec l'aide du soleil, où se trouve le bateau.

Thermomètre, *m.* : un appareil qui mesure le chaud ou le froid.

Animaux

Albatros, *m.* : grand oiseau de mer blanc et gris. Il vit surtout dans les îles du Pacifique.

Araignée de mer, *f.* : un genre de grand crabe qui peut faire beaucoup de mal.

Baleine, *f.* : un animal marin de très grande taille. C'est un mammifère.

Cachalot, *m.* : très grand animal marin qui ressemble à une baleine.

Calmar, *m.* : petit animal marin, sans os ni arêtes.

Dauphin, *m.* : un animal marin gris, très intelligent.

Dugong, *m.* : mammifère marin.

Kangourou, *m.* : animal des îles du Pacifique qui avance en sautant sur les pattes de derrière.

Lamantin, *m.* : grand et gros mammifère qui vit d'habitude dans les fleuves d'Afrique et d'Amérique tropicale.

Loutre de mer, *f.* : animal qui vit dans l'eau et qui a une très belle fourrure.

Perroquet, *m.* : oiseau de toutes les couleurs qui peut imiter la voix de l'homme.

Perruche, *f.* : petit oiseau jaune ou bleu, qui ressemble à un perroquet.

Pingouin, *m.* : un oiseau marin noir et blanc qui se tient debout et vit au pôle.

Poulpe, *m.* : un animal marin mou, sans os, à huit « bras ».

Requin, *m.* : grand poisson, gris ou blanc, très dangereux.

Tortue, *f.* : animal qui a quatre pattes courtes et une carapace, et qui marche très lentement.

Activités

1. **Mettre l'histoire dans l'ordre.**

○ Ned Land sauve la vie du capitaine Nemo.

○ Les passagers du *Nautilus* accompagnent le capitaine Nemo à une partie de chasse et visitent une forêt sous-marine.

○ Le *Nautilus* emprunte un tunnel sous-marin pour passer de la mer Rouge dans la mer Méditerranée.

○ Pierre Aronnax et Conseil montent à bord de l'*Abraham Lincoln.*

○ Le sous-marin est arrêté par un poulpe géant.

○ Les hommes du *Nautilus* ramassent l'or d'une épave espagnole.

○ Un accident oblige le *Nautilus* à s'arrêter au large d'une île peuplée d'indigènes.

○ Les trois prisonniers sont enfin libres.

○ Le *Nautilus* attaque un navire de guerre.

○ Le capitaine Nemo emmène Pierre Aronnax visiter les ruines de l'Atlantide.

○ Pierre Aronnax, Conseil et Ned Land font la connaissance du capitaine Nemo.

○ Le sous-marin est prisonnier des glaces de la banquise.

2. Qui est qui ? Associer.

- Il commande
  le *Nautilus*.

- Il est très adroit.

Pierre •   • Il est très riche.
Aronnax

- C'est le domestique
  de Pierre Aronnax.

- Il est canadien.

Conseil •   • Il est professeur.

- Il suit Pierre Aronnax
  dans tous ses voyages.

- Il a passé six mois
  dans le Nebraska.
Ned Land •

- Il ne manifeste jamais
  la moindre surprise.

- Il excelle dans
  la chasse à la baleine.
Le capitaine •
Nemo

- Il est grand et fort.

- C'est un homme
  très mystérieux.

3. Vrai ou faux ?

	V	F
1. Les marins du *Scotia* ont aperçu un monstre marin.	☐	☐
2. D'après Pierre Aronnax, la licorne des mers est un animal immense.	☐	☐
3. Le capitaine Nemo ne parle pas allemand.	☐	☐
4. Le sous-marin fonctionne à l'électricité.	☐	☐
5. Le *Nautilus* a la forme d'un gros cigare.	☐	☐
6. Ned Land est très heureux de voyager dans toutes les mers du globe.	☐	☐
7. Pierre Aronnax sauve la vie d'un pêcheur de perles.	☐	☐
8. Le capitaine Nemo n'a pas peur des indigènes.	☐	☐

4. Barrer l'intrus.

1. Cabine – salle des machines – pont – cabane

2. Golfe – baie – horizon – détroit

3. Volcan – tornade – éruption – lave

4. Barre – gouvernail – hélice – volant

5. Fusil – mât – hache – harpon

6. Plage – banquise – glace – iceberg

7. Ananas – mangue – lait – banane

5. **Qui dit quoi ? Souligner le nom du personnage qui parle.**

1. « *Prépare nos valises. Nous partons dans deux heures.* »
Pierre Aronnax – Conseil

2. « *J'ai tué et chassé beaucoup de baleines.* »
Le capitaine Nemo – Ned Land

3. « *Je suis au service de Monsieur. J'ai suivi Monsieur.* »
Ned Land – Conseil

4. « *La mer me nourrit et m'habille.* »
Le capitaine Nemo – Pierre Aronnax

5. « *Celui qui entre dans le* Nautilus *ne doit plus en sortir.* »
Conseil – Le capitaine Nemo

6. « *Nous nous sauverons quand nous pourrons.* »
Ned Land – Pierre Aronnax

7. « *J'ai vu tout mourir, je dois me venger.* »
Le capitaine Nemo – Ned Land

6. **Choisir un mot de chaque colonne et former des familles de mots.**

Mer	Brume	Boussole
Naufrage	Baromètre	Cercle polaire
Matelot	Équateur	Pluie
Brouillard	Marin	Lieue
Thermomètre	Mille	Capitaine
Tropique	Sombrer	Flots
Pied	Vagues	Couler

7. **Classer les mots suivants dans le tableau.**

*baleine – calmar – perroquet – cachalot –
requin – albatros – tortue – dauphin –
perruche – poulpe – pigeon*

Ils volent	Ils nagent
....	....
....	....
....	....
....	....
....	....
....	....
....	....

8. Retrouver l'adjectif ou le nom.

Exemple : silence – silencieux

Nom	Adjectif
monstre	....
....	dangereux
mystère	....
fatigue	....
....	curieux
....	solide
....	adroit
tristesse	....

9. Retrouver le sens de ces mots ou expressions. Associer.

Flotter •
     • dire que l'on n'est pas content.

Une épave •
     • ce qui reste d'un bateau qui a fait naufrage.

Un équipage •
     • couler au fond de l'eau et mourir.

Des ruines •
     • rester à la surface de l'eau.

     • regarder avec attention.

Se noyer •
     • ce qui reste quand des maisons sont détruites.

Se plaindre •
     • l'ensemble des marins sur un bateau.

Une grotte •
     • un trou profond dans la montagne ou dans un rocher.

Observer •

10. Retrouver les vingt mots qui se cachent dans la grille, horizontalement (de droite à gauche ou de gauche à droite) et verticalement (de haut en bas ou de bas en haut). Une lettre peut être utilisée deux fois.

*plonger – hélice – cabine – pont – naufrage –
tribord – boussole – canot – naviguer –
bateau – gouvernail – coquillage – coque –
marin – cabine – marée – corail – île –
équipage – ancre*

H	Y	C	A	N	O	T	P	O	N	T
E	X	A	H	A	W	K	L	J	O	R
L	U	B	O	U	S	S	O	L	E	I
I	A	I	G	F	X	Z	N	I	Y	B
C	E	N	W	R	H	Q	G	A	E	O
E	T	E	N	A	J	G	E	N	G	R
N	A	V	I	G	U	E	R	R	A	D
E	B	W	R	E	E	L	I	E	P	E
U	X	C	A	B	I	N	E	V	I	R
Q	K	Z	M	A	R	E	E	U	U	C
O	L	I	A	R	O	C	W	O	Q	N
C	O	Q	U	I	L	L	A	G	E	A

11. Qu'est devenu le capitaine Nemo ? Imaginer la suite de ses aventures.

....

....

....

....

Pour aller plus loin

Contexte de l'œuvre

Publié en 1870, *Vingt Mille Lieues sous les mers* constitue le roman de référence de l'œuvre de Jules Verne et en particulier des *Voyages extraordinaires*. Fidèle à ses ambitions, l'auteur nous propose dans ce récit la découverte d'un monde alors totalement inconnu des hommes en cette seconde moitié du XIXe siècle : les mers et les fonds sous-marins. Aujourd'hui, nous connaissons mieux cet univers qui couvre 70 % de notre planète. Mais, à l'époque où Jules Verne écrit son roman, la connaissance des fonds sous-marins se réduisait aux déclarations de marins hantés par la rencontre d'animaux fantastiques.

Pour écrire ce roman, Jules Verne se documente longuement sur la mer, les types de bateaux, les marins. Dans ce but, il fait un grand voyage à bord d'un transatlantique. Durant toute la traversée vers les États-Unis, il prend des notes, réalise des croquis et interroge le commandant, l'équipage et les marins du navire. Pendant quatre ans, il travaille sur ce roman qui a été le plus long à écrire. L'inspiration lui vient également de son intérêt pour les découvertes scientifiques y compris celles qui, à l'époque, semblaient un peu farfelues. C'est ainsi qu'en 1859 un Américain, dénommé Delonney, dépose les plans et les brevets d'un « engin de plongée ». C'est sur les bases de ce projet que Jules Verne imagine le submersible du capitaine Nemo mais le premier vrai sous-marin ne sera réalisé que dix-sept ans plus tard. De même, les marins du *Nautilus* sortent avec un scaphandre qui ne sera réellement utilisé qu'en 1946, c'est-à-dire cinquante ans plus tard !

Le *Nautilus* est l'innovation la plus impressionnante du roman ; d'autres sont moins spectaculaires mais sont, pour l'époque, tout aussi révolutionnaires. En effet, le capitaine Nemo tire de la mer tout ce qui est nécessaire à sa survie : aliments, vêtements, et même cigares d'algues. Jules Verne est en avance d'un siècle puisque c'est seulement dans les années 1970 que l'on commence à prendre en compte avec sérieux les ressources maritimes.

Le capitaine Nemo et Pierre Aronnax
à bord du *Nautilus*.

L'œuvre de Jules Verne

Vers la fin de sa vie, Jules Verne affirme : « Mon but a été de peindre la Terre, et pas seulement la Terre mais l'Univers car j'ai quelquefois transporté mes lecteurs loin de la Terre dans mes romans. »

De Jules Verne, on retient surtout l'image d'un personnage obsédé par le progrès. Son principal talent est d'avoir imaginé et créé des choses relevant de la fiction et de les expliquer avec les connaissances scientifiques de l'époque.

Il a écrit des pièces de théâtre et de la poésie mais c'est dans le roman d'anticipation qu'il se révèle au grand public et qu'il connaît un immense succès. Il publie ces romans dans la série *Les Voyages extraordinaires*. Parmi les plus connus, on peut lire :

• *Cinq Semaines en ballon* (1863) – Le docteur Fergusson, son ami Kennedy et son domestique Joe entreprennent la traversée en ballon du continent africain. Ce roman, qui a lancé la carrière de Jules Verne, permet de découvrir la géographie de l'Afrique et l'histoire de ses principaux explorateurs.

• *Voyage au centre de la Terre* (1864) – Le professeur Lidenbrock apprend l'existence d'un volcan éteint dont la cheminée peut conduire au centre de la Terre. Accompagné de son neveu Axel et du guide Hans, il se rend au volcan Sneffels, en Islande, et pénètre dans le centre de la Terre où il fait des découvertes étonnantes.

• *De la Terre à la Lune* (1865) – Trois hommes prennent place dans un gigantesque obus projeté vers la Lune par un canon. Ce voyage dans l'espace a inspiré de nombreux auteurs dont Hergé, auteur des célèbres aventures de Tintin, pour les deux albums *Objectif Lune* et *On a marché sur la Lune*.

• *Le Tour du monde en 80 jours* (1873) – À la suite d'un pari, l'Anglais Phileas Fogg se lance dans un tour du monde en compagnie de son serviteur, le débrouillard Passepartout. Ils doivent réaliser ce voyage en quatre-vingts jours. Ils sont retardés dans leur projet par l'inspecteur Fix qui soupçonne Phileas Fogg d'être un voleur recherché par la police britannique. Dans leur course autour du monde, ils rencontrent toutes sortes d'obstacles et vivent de multiples aventures.

• *L'Île mystérieuse* (1874) – Au cours de la guerre de Sécession, cinq Nordistes s'enfuient en ballon et, pris dans une tempête, atterrissent sur une île déserte dans l'océan Pacifique. Des faits mystérieux et inexplicables les entraînent dans une série d'aventures passionnantes.

À cette profondeur de trois cents pieds,
nous ne voyons presque plus les rayons du soleil.

Jules Verne au cinéma

Vingt Mille Lieues sous les mers a fait l'objet de plusieurs adaptations cinématographiques dont la plus connue reste celle de Richard Fleisher, en 1954, sous la direction des studios Walt Disney avec, notamment, James Mason, dans le rôle du capitaine Nemo, et Kirk Douglas, dans celui de Ned Land. Cette superproduction a nécessité quatorze mois de préparation et cinq mois de tournage. Les scènes sous-marines ont été particulièrement longues et difficiles à tourner. En effet, dans les années 1950, les prises de vue sous-marines étaient rares. Le film a reçu l'oscar des meilleurs effets spéciaux.

Bien d'autres romans de Jules Verne ont attiré le cinéma. Parmi les adaptations qui ont marqué le septième art, on notera :

– *Le Tour du monde en 80 jours*, réalisé en 1956 par Michael Andersen, avec David Niven. Une nouvelle version a vu le jour en 2004 avec Jackie Chan.

– *Voyage au centre de la Terre*, réalisé en 1959 par Henry Levin, avec James Mason, grande vedette dans les années 1950-1960, dans le rôle du professeur Oliver Lindenbrook. Cette adaptation cinématographique a reçu trois oscars en 1960 : meilleurs décors, meilleurs effets spéciaux et meilleur son.

– *Michel Strogoff*, réalisé en 1956 par Carmine Gallone, avec Curd Jurgens. Un dessin animé français intitulé *Les Aventures extraordinaires de Michel Strogoff* est sorti en 2004.

James Mason incarne le capitaine Nemo en 1954.

Jules Verne aujourd'hui

Société Jules-Verne

Fondée en 1935, la Société Jules-Verne regroupe des admirateurs de Jules Verne du monde entier. Elle édite un bulletin trimestriel qui publie des études et des nouvelles découvertes sur Jules Verne et son œuvre.

Société Jules-Verne
4, rue Jean-Goujon
75008 Paris
France

Le Centre international Jules-Verne

Installé dans la maison de Jules Verne à Amiens, le Centre international Jules-Verne rassemble 800 amateurs de Jules Verne – appelés Verniens – répertoriés dans le monde. Ce centre a fondé la revue *Jules-Verne* en 1996.

Centre international Jules-Verne
2, rue Charles-Dubois
80000 Amiens

Musée Jules-Verne

Situé à Nantes, ville natale de Jules Verne, ce musée a été inauguré en 1978 à l'occasion du 150e anniversaire de la naissance de l'écrivain.

Musée Jules-Verne
3, rue de l'Hermitage
44100 Nantes

Jules Verne sur Internet

http://fr.wikipedia.org
Il s'agit d'une encyclopédie gratuite. À la rubrique *Littérature*, puis *Écrivains*, on trouvera une bibliographie de Jules Verne ainsi que des liens externes.

http://www.nantes.fr/mairie
À la rubrique *Musée*, vous trouverez toutes les informations sur le musée Jules-Verne.

http://www.jules-verne.net
Le site du Centre international Jules-Verne présente toutes les activités du centre et propose de nombreux liens.

http://hetzel.free.fr
Les romans de Jules Verne ont d'abord été publiés par Hetzel. On peut visionner sur ce site les très beaux cartonnages qui ont fait la réputation de cet éditeur.

http://www.lire.fr
Site du magazine littéraire *Lire*. Vous y trouverez des critiques de certaines œuvres de Jules Verne ainsi que des critiques de sites Internet consacrés à Jules Verne.

http://www.fredericviron.com
Outre la biographie de Jules Verne, ce site propose un forum où tous les passionnés de Jules Verne peuvent se retrouver.

http://perso.wanadoo.fr/jules-verne
Ce site propose des analyses littéraires des œuvres de l'écrivain et notamment de *Vingt Mille Lieues sous les mers*.

Achevé d'imprimer en Belgique sur les presses de Snel
4041 Vottem (Herstal)

Dépôt légal : n° 78264-09/2009 - Collection n° 04 - Edition n° 04
15/5285/0